유학생을 위한
한국어 읽기의 기초와 이해

유학생을 위한
한국어 읽기의 기초와 이해

초판 인쇄 2022년 3월 4일
초판 발행 2022년 3월 10일

지은이 이경수 · 김수미
펴낸이 박찬익
편집 유동근
책임편집 심재진

펴낸곳 ㈜박이정 **주소** 경기도 하남시 조정대로45 미사센텀비즈 7층 F749호
전화 031)792-1193, 1195 **팩스** 02)928-4683 **홈페이지** www.pjbook.com
이메일 pijbook@naver.com **등록** 2014년 8월 22일 제2020-000029호
제작 정우P&P

ISBN 979-11-5848-686-0 93710

* 책값은 뒤표지에 있습니다.

READING KOREA

유학생을 위한

한국어 읽기의 기초와 이해

이경수 · 김수미 지음

(주)박이정

낯선 환경에서 외국어로 공부하는 것은 쉬운 일이 아닐 것입니다. 단순한 생활 한국어나 여행 한국어가 아니라 매우 전문적인 지식을 공부해야 하는 대학생이라면 더욱 그렇겠지요. 최근에 외국인 유학생이 늘어난 것과 비례해서 유학생을 위한 교재들도 많이 출간되고 있습니다. 그러나 '읽기' 영역만을 다룬 책들보다는 쓰기와 연계된 활동으로 읽기를 포함시키는 교재들이 많았습니다. 언어 기능의 그 어느 것도 소홀히 할 수 없지만 대학에서 읽어야 할 텍스트의 내용과 수준을 고려할 때, 텍스트를 제대로 읽고 이해하는 능력은 필수적이라고 할 수 있습니다.

이 교재를 통해서 유학생들이 앞으로 접할 다양한 텍스트를 어떻게 하면 효과적으로 읽을 수 있는지 그리고 텍스트의 종류에 따라 어떤 특성이 있는지를 알려주고자 하였습니다. Ⅰ부는 모든 텍스트 읽기의 기초라고 할 수 있는 핵심어와 주제문 찾기, 단락의 구성 파악하기, 다양한 서술 방식과 표현의 특징 이해하기, 그리고 비판적·논리적 사고의 바탕이 되는 논증 방식에 대해 학습하도록 하였습니다. Ⅱ부는 대학에서 자주 읽거나 쓰게 되는 대표적인 장르로 설명문, 기사, 감상문, 문학, 논설문. 이 다섯 가지를 선정하여 각 장르의 특징을 보여줄 수 있는 텍스트와 함께 읽기 후 활동을 제시하였습니다.

학습자 입장에서는 대학의 교양 수업에 두루 적용되는 지식과 어휘 표현을 공부할 수 있도록 하였고, 교수자 입장에서는 대학 수업에 활용할 수 있도록 구성하였습니다. 학습자들이 적극적이고 주체적인 독자가 될 수 있도록 다양한 읽기 활동(각 단락을 나누어 읽고 정보를 공유한 후 함께 읽기, 주제와 관련된 예비 과제 부여하기, 읽은 내용에 대해 의견 말하기 등)을 시도해 보시면 더욱 좋을 것 같습니다.

외국어 학습에서 어휘를 외우는 것은 무척 중요합니다. 그러나 어휘의 의미는 사용된 맥락에 따라 여러 가지로 해석될 수 있기 때문에 어휘 자체만을 외우기보다는 맥락을 통해 의미를 유추해 보는 연습이 훨씬 중요하고 효과적입니다. 산을 오를 때 산의 전체적인 지형을 보면서 길을 찾아야 목적지에 다다를 수 있는 것처럼 읽기에서는 글의 전체적인 내용을 파악하고 각 단락의 중심 내용을 확인하며 읽는 것이 효과적입니다. 산속의 나무 하나하나를 보면서 간다면 목적지에 닿기 힘든 것처럼 모르는 어휘의 의미를 찾는 것에만 몰두한다면 찾았던 어휘의 의미도 오래 기억할 수 없고 글의 내용도 이해하기 어렵습니다. 이 책은 각 과의 끝에 어휘 목록을 만들어 두었습니다. 해당 과의 내용을 먼저 학습한 후에 어휘 목록의 단어를 보는 것도 좋지만 학습 전에 어휘 목록에 있는 단어들을 미리 찾아본다면 내용을 훨씬 쉽고 재미있게 이해할 수 있을 것입니다.

모쪼록 이 책이 열심히 공부하고 있는 외국인 학생들과 한국어를 가르치시는 선생님들에게 도움이 되기를 바랍니다.

일러두기

I 부는 텍스트 읽기의 기초가 되는 내용으로 구성하였습니다. 텍스트의 이해를 위한 기본 개념을 학습한 후, 이를 적용해 연습해 보도록 하였습니다.

이 과에서는

각 과의 핵심적인 교수–학습 내용을 기술해 놓았습니다. 교수자에게는 정확한 학습 목표를 설정하는 데 도움을 주고, 학습자에게는 학습할 내용에 대한 안내 역할을 하도록 하였습니다.

들어가기

각 과의 중심적인 학습 내용을 실제 텍스트를 통해 이해하도록 하였습니다. 주어진 텍스트를 읽고 문제를 푸는 과정에서 해당 과의 주요 내용이나 개념들을 알 수 있을 것입니다.

확인해 봅시다

'이 과에서는'에서 제시된 핵심적인 학습 내용과 '들어가기'에서 이해한 개념을 질문을 통해 학습자 스스로 확인하도록 하였습니다.

본문

본문에는 각 과의 특성에 따라 두세 개의 소주제로 구성하였습니다. 또한 각각의 소주제에 적합한 텍스트를 읽고 문제를 풀어가는 과정에서 텍스트의 구성, 글의 주제, 세부 내용을 파악하며 앞서 배운 개념들을 확인하도록 하였습니다.

더 알아보기

앞에서 제시되었던 주요 내용이나 개념을 보완하고 심화하는 단계입니다. 학습자 수준에 따라 난이도를 조절할 수 있으며, 읽기 후 활동으로 말하기 또는 쓰기와 연계된 과제를 제시하였습니다. 교수–학습 상황에 따라 개별 또는 조별로 과제를 수행한다면 보다 활기차고 재미있는 수업이 될 것입니다.

정리해 봅시다

각 과에서 처음에 제시했던 핵심적인 교수–학습 내용을 학습자가 잘 이해했는지 스스로 점검할 수 있도록 하였습니다.

어휘 목록

각 과의 소주제별로 어휘를 제시하였습니다. 수업 전에 학습자가 미리 어휘를 예습한다면 더 효과적이고 흥미로운 읽기 수업이 가능할 것입니다.

Ⅱ부는 글의 장르별 특성을 파악할 수 있도록 구성하였습니다. 또한 사회와 문화를 이해하는 데 기본이 되는 지식이나 정보를 습득할 수 있도록 텍스트의 내용을 선정하였습니다. 학습자는 텍스트 읽기를 통해 장르별 특성을 파악함과 동시에 대학에서 수업을 듣는 데 필요한 유용한 정보를 얻을 수 있을 것입니다.

도입

각 과에서 제시된 장르별 특징을 이해할 수 있도록
하였습니다.

PART Ⅰ, Ⅱ, Ⅲ

과에서 제시된 글의 장르를 다시 두세 종류의 유형으로 나누어 텍스트를 제시하였습니다. 각 PART는 다시 '읽기 전 – 본문 – 읽고 나서'의 순서로 구성하였습니다.

텍스트 내용을 읽기 전에 학습자의 흥미를 높이고 배경지식(Schema)을 활성화시킬 수 있도록 주제와 관련된 이미지를 제시하거나 비교적 대답이 용이한 질문으로 구성하였습니다.

본문

장르별 특징을 알 수 있는 텍스트를 제시하였습니다. 각각의 텍스트는 장르에 대한 특징을 파악하고, 주제와 내용을 이해하는 문제들로 구성하였습니다.

읽고 나서

텍스트의 유형별 특징이나 내용에 대한 이해가 단편적인 이해에서 그치지 않도록 말하기나 쓰기 활동과 연계하도록 하였습니다. 교수–학습 상황에 따라 개별 또는 조별로 과제를 수행한다면 보다 활기차고 흥미로운 수업이 될 것입니다.

PART 8 읽고 나서

다음은 차박족과 관련한 또 다른 기사의 일부입니다. 기사의 내용을 참고하여 '올바른 차박 문화를 위해 지켜야 할 일'을 정리하여 기사로 써 보십시오.

차박족, 쓰레기가 제일 문제

한국관광공사가 지난 5월 캠핑장을 찾은 사람 1080명을 대상으로 차박에 대한 인식을 조사한 결과 차박에 대해 긍정적으로 생각한다는 응답자는 52%로 전체 응답자의 절반 정도를 차지했다. 이들은 텐트 및 기타 캠핑용품 없이 간단히 캠핑을 즐길 수 있다는 점을 차박의 가장 큰 장점이라고 답했다. 반면 차박에 대해 부정적으로 생각하는 응답자가 29%, 잘 모르겠다는 응답자가 15%로 그 뒤를 이었다. 차박에 대해 부정적으로 생각하는 이유에 대한 질문에 68%가 쓰레기 문제를 꼽았다. 응답자의 대부분은 차박족들이 쓰레기를 아무 장소에 버리거나 캠핑한 장소를 정리하지 않고 떠나는 것이 문제라고 인식했다. 다음으로 28%의 응답자가 정해진 캠핑장이 아닌 장소에서의 차박을 문제라고 생각하는 것으로 나타났다. 특히 아파트 주차장이나 공공 주차장처럼 공용 장소에서 차박을 하며 음식을 해 먹고, 늦은 시간까지 시끄러운 소음을 발생시키는 것이 문제라고 지적했다.

올바른 차박 문화를 위해 지켜야 할 일

-
-
-

목 차

I 부

텍스트를 효과적으로
이해하기 위한
기본편

1

핵심어와
주제문

⊘ 이 과에서는

글에서 가장 중요한 단어인 핵심어와 글의 중심 생각이 들어 있는 주제문을 찾는 연습을 합니다. 핵심어는 보통 주제문이나 글의 제목에 나타나기도 하고 글 전반에 나타나기도 합니다. 또 주제문이란 글의 주제를 나타내는 문장으로 글쓴이가 전하고자 하는 중심 내용이 담겨 있는 문장을 말합니다. 주제문은 주로 단락의 처음이나 끝에 오지만 글쓴이의 의도, 글의 길이에 따라 다양하게 위치할 수 있습니다.

다음 글을 읽고 질문에 답하십시오.

귤은 한국 사람들이 겨울철에 가장 많이 먹는 과일 중 하나로 비타민 C를 비롯한 영양 성분이 풍부할 뿐만 아니라 껍질을 쉽게 벗길 수 있어 먹기가 편한 과일이다. 귤의 껍질은 많은 영양소가 함유되어 있을 뿐만 아니라 실생활에서 다양하게 활용된다. 우선 구연산 성분이 있어 찌든 때를 청소할 때 사용하면 좋고, 특유의 향이 있어 탈취제나 입욕제로도 사용할 수 있다. 또 껍질을 깨끗하게 씻어 말린 차를 '진피'라고 하는데 기관지를 비롯한 염증 치료에 효과가 있어 예로부터 한약재의 재료로 사용하기도 했다. 이처럼 귤은 껍질까지도 다양하게 활용할 수 있는 기특한 과일이다.

01 위 글은 무엇에 대해 쓴 것입니까?

_____

02 위 글의 내용에서 중요하다고 생각하는 단어들을 써 보십시오.

_____

03 위 글의 중심 내용이 담긴 문장을 찾아보십시오.

_____

확인해 봅시다

• 글의 소재, 핵심어, 주제문의 개념을 이해했습니까?

• 소재, 핵심어, 주제문이 무엇인지 스스로 설명할 수 있습니까?

1 다음 글을 읽고 핵심어와 주제문을 찾아보십시오.

탈은 나무, 종이, 가죽 등으로 만들어 얼굴에 쓰는 것을 말하는데 한국의 가장 대표적인 탈은 하회탈이다. 경상북도 안동에 있는 하회 마을에서 만들어졌기 때문에 하회탈이라고 불리며 약 11세기에 만들어져 지금까지 전해지고 있다. 이렇게 하회탈이 잘 보존될 수 있었던 것은 재료와 보관법 때문이다. 다른 지역의 탈들은 주로 종이나 바가지로 만들어 쉽게 손상되지만 안동 지역의 하회탈은 단단한 오리나무로 만들어져 모양이 변하지 않고 튼튼하다. 또한 다른 지역에서는 탈놀이가 끝나면 바로 탈을 태워서 없앴지만 안동 지역에서는 탈을 다루고 보관하는 방법이 따로 있어서 이것을 엄격하게 지켜왔기 때문에 오늘날까지 잘 전해진 것이다.

소재 : _____

핵심어 : _____

주제문 : _____

2 다음 글을 읽고 핵심어와 주제문을 찾아 쓰십시오.

최근 음식 배달이 폭발적으로 증가하면서 일회용품 쓰레기의 양도 급증하였다. 우선 일회용품 소비를 줄이려면 음식점들은 분해가 쉽게 되거나 재활용이 가능한 소재의 용기를 사용하도록 하고, 소비자들은 음식을 주문할 때 '일회용 숟가락과 젓가락을 사용하지 않겠습니다.'라는 문구를 선택하는 것이 좋겠다. 또한 다 먹은 후에는 용기를 깨끗하게 씻어 분리 배출하고, 음식점이 가까운 곳에 있다면 그릇을 직접 가져가 포장해 와도 된다. 이렇게 음식점과 소비자 모두 일회용품 사용을 줄이기 위해 노력해야 음식 배달로 인해 생기는 쓰레기의 양을 줄일 수 있을 것이다.

소재 : _____

핵심어 : _____

주제문 : _____

3   다음 글을 읽고 핵심어와 주제문을 찾아 쓰십시오.

현대인들의 소비 성향은 어떨까? 인터넷을 통해 많은 정보를 찾고 이를 통해 필요한 물건을 구매하기 때문에 매우 합리적인 소비를 할 것으로 생각하지만 사실은 매우 감성적인 소비를 하고 있다. 최근에는 인터넷이나 홈쇼핑 외에 소셜 네트워크에서 쇼핑하는 사람들이 늘었는데 과연 어느 시간대에 물건이 가장 잘 팔릴까? 빅데이터 분석에 의하면 바로 밤 9시와 새벽 1시이다. 밤 9시는 하루를 정리하는 시간대인데 하루 종일 고생한 자신을 위해 무언가 보상해 주고 싶다는 생각이 들기 때문이고, 새벽 1시는 보통 술을 마셔서 이성이 약해지는 시간대로 술기운과 감성에 취해 소비를 하게 된다는 것이다.

소재 : _____

핵심어 : _____

주제문 : _____

Memo

_____

_____

_____

4 다음 글의 중심 내용을 파악하고 그에 맞게 주제문을 써 보십시오.

집이 지방에 있는 학생이나 외국에서 유학 온 학생들은 대학 생활의 편의를 위해 기숙사를 이용한다. 기숙사는 다른 주거 형태에 비해 저렴하기도 하지만 학생들만을 위한 편의시설을 갖추고 있기 때문에 인기가 많다. 또한 기숙사 생활을 하는 동안 새로운 친구를 사귈 수도 있고, 서로의 경험을 공유하면서 좋은 추억도 남길 수 있다. _____
_____.

이 글의 중심 내용은 무엇입니까?

_____

중심 내용이 잘 드러나도록 주제문을 써 보십시오.

_____

5 다음 글의 중심 내용을 파악하고 그에 맞게 주제문을 써 보십시오.

_____. 우선 창의 가장 중요한 기능은 채광이다. 기후나 자연환경에 따라 빛을 끌어들이기도 하고 적절히 차단하여 실내의 온도와 습도를 조절한다. 다음으로는 환기의 기능인데 실내의 탁한 공기를 외부로 내보내고 신선한 공기를 들여 실내의 쾌적함을 유지하는 것이다. 마지막으로 인간의 심리적 안정과 미적인 아름다움을 위한 기능이다. 창을 통해 자연의 변화를 느끼고 사람들과 소통할 뿐만 아니라 창문의 크기와 디자인을 통해 건축물의 아름다움을 더하는 것이다.

이 글의 중심 내용은 무엇입니까?

_____

중심 내용이 잘 드러나도록 주제문을 써 보십시오.

_____

단락은 주제문의 위치에 따라 두괄식, 중괄식, 미괄식, 양괄식 구성으로 나누어 볼 수 있습니다.

- **두괄식:** 주제문이 단락의 처음에 나타남
- **중괄식:** 주제문이 단락의 중간에 나타남
- **미괄식:** 주제문이 단락의 끝에 나타남
- **양괄식:** 주제문이 단락의 처음과 끝 모두에 나타남

6 지금까지 여러분이 읽어 본 글들은 어떤 구성 방식에 속하는지 쓰십시오.

들어가기	미괄식	3.	
1.		4.	
2.		5.	

Memo

_____

_____

_____

_____

_____

_____

_____

최근 '제로 웨이스트(zero waste)' 운동에 참여하는 사람들이 점점 늘고 있다. 제로 웨이스트는 환경 보호를 위해 쓰레기 배출량을 최소화한다는 의미로 숫자 '0'을 의미하는 '제로'와 쓰레기를 의미하는 '웨이스트'를 합쳐서 만든 표현이다. 이 운동은 불필요한 포장을 줄이고 필요한 제품의 내용물만 덜어서 판매하거나 구매하여 환경오염을 최소화하는 것을 목적으로 한다. 제로 웨이스트는 생활 속에서 누구든 쉽게 실천해 볼 수 있는데 마트에서 채소나 과일을 구매할 때 일회용 비닐봉지 대신 장바구니를 사용하거나 음식점에서 음식을 포장할 때 직접 준비한 용기를 사용하는 것이 대표적인 예이다. 최근에는 제로 웨이스트 가게가 생겨 가루나 액체 형태로 된 세제도 필요한 양만큼만 준비한 용기에 덜어서 살 수 있게 되었다. 싸게 많이 사야겠다는 합리적 소비보다 우리가 살고 있는 지구의 환경과 인류를 위해 윤리적 소비를 하고 싶어 하는 사람들이 점점 늘고 있기 때문에 제로 웨이스트 운동에 동참하는 사람들도 계속 증가할 전망이다.

소재는 무엇입니까? _____

핵심어는 무엇입니까? _____

주제문은 어디에 있습니까? _____

이 단락의 구성 방식은 무엇입니까? _____

정리해 봅시다
- 글의 소재, 핵심어, 주제문의 개념에 대해 이해했습니까?
- 주제문의 위치에 따라 단락의 구성 방식은 어떻게 나눌 수 있는지 설명할 수 있습니까?

1과 어휘 목록

들어가기

영양 성분	소비
풍부하다	성향
함유되다	합리적
구연산	3 감성적
찌들다	빅데이터
특유	분석
탈취제	보상하다
입욕제	
기관지	**주제문쓰기**
염증	주거
기특하다	4 편의시설

핵심어와 주제문 찾기

탈	공유하다
가죽	채광
전해지다	끌어들이다
보존	차단하다
보관	5 습도
바가지	조절하다
1 손상되다	탁하다
단단하다	쾌적하다
오리나무	유지하다
태우다	

더 알아보기

다루다	참여하다
엄격하다	배출량
소재	최소화
폭발적	합치다
급증하다	가루
2 용기(容器)	액체
문구(文句)	가루
분리	인류
배출	합리적
	윤리적
	동참하다

2

단락의
구성

⊘ 이 과에서는

단락이 어떻게 구성되는지에 대해 자세히 살펴봅니다. 한 편의 글은 여러 개의 단락으로 구성되고, 각각의 단락은 한두 개의 주제문과 주제문의 내용을 뒷받침해 주는 여러 개의 보조 문장으로 이루어집니다. 주제문과 보조 문장은 내용이 긴밀하게 연결되어 있고, 보조 문장이 풍부할수록 주제문의 내용을 이해하기 쉬운데 이것을 글의 응집성 또는 통일성이라고 합니다. 단락을 이루는 문장들은 접속부사나 지시대명사 등을 통해 자연스럽게 연결되어 있는데 이를 글의 응결성이라고 합니다.

💡 다음 글을 읽고 질문에 답하십시오.

① 유럽의 국가들을 여행하다 보면 시청, 법원, 광장 등에 세워진 '정의의 여신상'을 볼 수 있다. ② 이 정의의 여신상은 나라마다 그 모습이 약간씩 다르기는 하지만 보통 눈을 가린 채 한 손에는 저울, 다른 한 손에는 칼을 들고 서 있다. ③ 저울은 어느 쪽에도 치우치지 않는 형평성을 의미하고, 칼은 법을 엄하게 집행한다는 의미를 담고 있다. ④ (㉠) 눈을 가린 것은 재판을 받는 사람이 누구든 공정하게 판결하겠다는 것을 뜻한다. ⑤ 한편 한국 대법원에 있는 정의의 여신상은 눈을 가리지도 않았고, 칼 대신 법전을 들고 있다. ⑥ (㉡) 정의의 여신상이 표현하고자 하는 것은 법은 누구에게나 평등해야 하며, 판결은 엄격하고 공정해야 한다는 것이다.

01 이 글의 주제문을 찾아 문장의 번호를 쓰십시오. _____

02 주제문의 내용을 뒷받침해 주고 보충해 주는 보조 문장의 번호를 모두 쓰십시오.

_____

03 다른 문장들의 내용과 거리가 먼 문장은 어느 것입니까?

_____

04 3번에서 언급한 문장을 뺀 후, ㉠과 ㉡에 들어갈 말로 바르게 짝지어진 것을 고르십시오.

① ㉠: 그리고 - ㉡: 이렇듯   ② ㉠: 그러나 - ㉡: 이렇게

③ ㉠: 또한 - ㉡: 그러나   ④ ㉠: 그런데 - ㉡: 끝으로

확인해 봅시다
- 단락을 이루는 주제문과 보조 문장의 관계를 이해했습니까?
- 단락을 이루는 문장들의 내용이 응집성(통일성)을 가져야 한다는 의미를 이해했습니까?
- 문장과 문장 사이를 연결하는 표현들이 어떤 역할을 하는지 파악했습니까?

1 제시된 글의 주제를 파악한 후, 주제와 맞지 않는 문장을 고르십시오.

① 오늘날 대부분의 국가에서는 대의 민주제를 시행하고 있는데, 선거는 국민을 대신할 대표를 뽑는 매우 중요한 절차라고 할 수 있다. ② 민주주의 국가라면 보통·평등·직접·비밀 선거의 네 가지 원칙을 따라야 하며 이를 헌법으로 보장해야 한다. ③ 보통 선거는 일정한 나이가 되면 누구나 선거권을 가질 수 있는 것을 말하고 평등 선거는 성별, 종교, 재산, 학력 등에 따른 차별 없이 동등한 가치의 투표할 권리를 주는 것을 뜻한다. ④ 또 직접 선거란 유권자가 누구를 대신하지 않고 직접 투표권을 행사하는 것을 의미한다. ⑤ 한국은 1988년 2월 간접선거제도가 폐지되면서 직접선거제도를 시행하고 있지만 미국은 각 지역의 선거인단을 통해 대통령을 선출하는 간접선거제도를 시행하고 있다. ⑥ 마지막으로 비밀 선거란 누구에게 투표했는지 알리지 않는 것을 말한다.

글의 주제 : _____

주제문 : _____

주제와 맞지 않는 문장의 번호를 쓰십시오. : _____

Memo

_____

_____

_____

① 지진은 대규모 단층 작용이나 화산 활동 등으로 발생하는 지각 변동이라고 할 수 있다. ② 지진이 발생하기 전에는 몇 가지 전조 현상들이 나타나는데 이것을 가장 먼저 감지하는 것은 바로 동물들이다. ③ 곤충을 비롯한 동물들은 지구 깊은 곳에서 울리는 미세한 파동에너지를 감지할 수 있기 때문에 지진이 발생하는 것을 미리 알고 평소와 다른 행동을 보인다고 한다. ④ 2008년 중국의 쓰촨성 지진 전에는 떼를 지어 도로를 건너는 두꺼비 떼와 개구리 떼가 목격되었고, 1995년 일본의 고베 대지진 발생 전에는 평소에 잡을 수 없었던 물고기 떼가 해수면 가까이 몰려들어 평소보다 10배나 많은 어획량을 기록했다. ⑤ 역사적인 기록에도 지진을 예감한 동물들의 이상 행동은 자주 등장한다. ⑥ 기원전 4세기 그리스에서도 지진이 일어나기 며칠 전부터 쥐, 뱀, 지네 등이 서식지를 떠나 도망갔다는 기록이 있고, 1783년 이탈리아의 칼라브리아 지진과 1835년 칠레의 탈카우아노 지진에서는 개들이 큰 소리로 울부짖었다는 기록이 나온다. ⑦ 그러므로 대규모 지진이 발생하기 전에 동물들을 동물원에 모아 놓고 어떤 동물이 지진을 잘 감지하는지 지켜봐야 한다. ⑧ 지진으로 인한 막대한 피해를 막기 위해서는 최신의 과학적 탐지 장치뿐만 아니라 동물들의 반응을 체계적으로 관찰하고 연구하여 지진 예보에 적극적으로 활용해야 할 것이다.

글의 주제 : _____

주제문 : _____

주제와 맞지 않는 문장의 번호를 쓰십시오. : _____

Memo

_____

_____

_____

3 '한옥의 처마'에 대한 글입니다. 아래의 글을 읽고 질문에 답하십시오.

가 　한옥은 사계절이 뚜렷한 한국의 기후에 알맞게 지어진 전통 가옥이다. 한옥에는 처마라는 구조물이 있는데 눈썹을 닮은 듯한 곡선이 공간을 아름답게 만들기도 하지만 그에 못지않은 실용적인 기능도 담당하고 있다. 우선 처마는 빗물이 들어오는 것을 막아 주기 때문에 문이나 벽이 젖지 않도록 한다. 또한 처마의 길이는 보통 1m 내외인데 집 안으로 들어오는 햇빛의 양을 조절하여 겨울에는 집 안 깊숙이 햇빛이 들게 하여 따뜻하고 여름에는 거의 햇빛이 들지 않아 집 안을 시원하게 만들어 준다. 뿐만 아니라 바깥 온도와 집 안 온도 차이로 인해 처마 밑에는 대류 현상이 생기게 되는데 이로 인해 공기의 흐름이 생겨 시원함을 느끼게 한다. 이처럼 한옥의 처마는 아름다울 뿐만 아니라 한국의 자연환경에 맞는 실용적 기능까지 갖춘 훌륭한 구조물이라고 할 수 있다.

나 　한옥은 수직을 이루는 기둥과 수평을 이루는 보를 중심으로 위로는 지붕, 아래로는 온돌과 마루로 연결되어 형태를 갖추는데 처마는 지붕이 기둥보다 바깥쪽으로 나와 있는 부분을 말한다. 처마는 비바람을 막아 줄 뿐만 아니라 계절에 따라 적당량의 햇빛이 집 안으로 들어오도록 해 준다. 또한 처마는 눈과 비를 피할 수 있는 공간이기도 해서 갑자기 비가 내리기라도 하면 사람들은 곧장 처마 밑으로 뛰어들었고, 마당에서 말리던 작물들을 재빨리 거두어 보관하기도 하였다.

01 여러분은 '가'와 '나' 중 어느 글이 '처마'에 대해 이해하기가 쉬웠습니까? 그 이유는 무엇입니까?

02 글 '가'와 '나'의 주제문을 찾아보십시오.

03 주제문이 있는 글과 주제문이 없는 글은 어떤 차이가 있다고 생각합니까?

04 글 '가'와 '나'에서 글의 주제를 뒷받침하는 보조 문장의 수를 각각 세어 보십시오.

'가'의 보조 문장의 수: _____   '나'의 보조 문장의 수: _____

05 주제(또는 주제문)를 뒷받침하는 보조 문장의 내용이 풍부한 글과 그렇지 않은 글은 어떤 차이가 있다고 생각합니까?

06 좋은 글의 조건에 대해 주제문과 보조 문장을 중심으로 이야기해 보십시오.

더 알아보기: 내용의 응결성

하나의 단락을 이루는 문장들은 중심 생각이 잘 드러나도록 내용이 응집성 있게 구성되어야 하지만 문장들끼리도 자연스럽게 연결되어야 합니다. 주제문과 보조 문장들의 내용이 좋아도 이 문장들을 연결하는 접속부사, 지시관형사, 지시대명사 등이 바르지 않으면 단락의 내용을 파악하는 데 방해가 됩니다. 그러므로 하나의 단락이 내용적으로 긴밀한지, 문장 간 연결이 자연스러운지 파악하면서 읽는 것이 좋습니다.

- **접속부사:** 그리고, 그러나, 그런데, 그렇지만, 그래서, 그러므로, 또, 또한, 또는 등
- **지시관형사:** 이, 그, 저, 이런, 그런, 저런 등
- **지시대명사:** 이것, 그것, 저것 등

4 다음의 글에서 문장의 내용이 자연스럽게 연결되도록 밑줄 친 부분을 바꾸어 보십시오.

인간이 가진 가장 중요한 특성 중의 하나는 언어를 사용한다는 것이다. ① 그래서 인간이 어떻게 언어를 습득하는지는 확실하게 밝혀지지 않았다. 언어학자인 노암 촘스키(Noam Chomsky)가 인간은 선천적으로 '언어 습득 장치(Language Acquisition Device)'를 가지고 있다고 했지만 구체적으로 ㉠ 그것이 무엇인지는 설명하지 못했다. ② 또는 의학과 과학 기술의 발달에 힘입은 뇌과학이나 인지과학조차도 언어 습득에 대해서는 아직 분명한 해답을 내놓고 있지 못하다. 부모는 갓 태어난 아이에게 의미 있는 소리를 반복해서 들려줄 뿐 언어의 규칙성을 설명해 주지 않는다. ③ 그리고 한두 해가 지나면 아이들은 소리를 흉내 내고 그 뜻을 이해하는 것은 물론 새로운 문장들을 만들어 낸다. ④ 저런 능력이 선천적인 것이라면 과연 신체의 어느 부분이 언어 습득을 가능하게 하는 것일까?

01 ㉠의 '그것'은 무엇인지 글에서 찾아 쓰십시오. _____

02 문장의 내용이 자연스럽게 연결되도록 ① ～ ④를 바꾸어 쓰십시오.

① 그래서 → _____   ② 또는 → _____

③ 그리고 → _____   ④ 저런 → _____

정리해 봅시다

• 주제문과 보조 문장의 관계를 이해했습니까?

• 단락을 이루는 문장들의 내용이 긴밀하게 연결되어야 한다는 의미를 이해했습니까?

• 내용이 자연스럽게 이어지도록 하는 연결 표현에 어떤 것이 있는지 파악했습니까?

들어가기

법원

광장

정의

저울

치우치다

형평성

집행하다

재판

공정하다

판결하다

법전

주제문의 보조 문장: 내용의 응집성

1	대의 민주제
	시행하다
	절차
	헌법
	보장하다
	동등하다
	유권자
	행사하다
	폐지되다
	선거인단
	선출하다
2	단층 작용
	화산
	지각 변동
	전조 현상
	감지하다
	미세하다
	파동
	떼

2	해수면
	어획량
	서식지
	탐지 장치
	울부짖다
	막대하다
	체계적

주제문의 보조 문장: 내용의 풍부성

3 가	뚜렷하다
	가옥
	처마
	구조물
	창호지
	대류 현상
3 나	수직
	수평
	기둥
	보
	온돌
	마루
	작물
	거두다

더 알아보기

습득

선천적

힘입다

인지과학

해답

규칙성

흉내

3
글의 구성

⊘ 이 과에서는

글의 구성에 따른 내용의 전개 방식에 대해 학습합니다. 글의 구성에 따라 내용이 전개되는 것을
알면 단락별 주제문들의 관계를 알 수 있고, 이를 통해 글 전체의 중심 내용을 쉽게 이해할 수 있
습니다. 일반적으로 글의 처음 부분에서는 글의 주제를 소개하고, 중간 부분에서는 본격적인 내
용이 전개되며, 마지막 부분은 글 전체의 내용을 요약하거나 강조하는 방식으로 구성됩니다.

💡 **다음 글을 읽고 질문에 답하십시오.**

가　우리의 손에는 눈에 보이지 않는 수많은 세균들이 있다. 그래서 손을 깨끗이 씻지 않으면 각종 질병에서 자유로울 수 없다. 특히 눈병이나 감기와 같은 전염병은 손만 깨끗이 씻어도 각종 세균들이 대부분 제거된다고 한다. 그러므로 외출 후의 손 씻기는 매우 중요하다.

나　손을 바르게 씻는 방법은 다음과 같다. 먼저 흐르는 물에 손과 팔을 적신 후에 비누칠을 하여 거품을 충분히 낸다. 다음으로 손가락, 손바닥, 손목 등을 꼼꼼히 닦는다. 마지막으로 흐르는 물에 충분히 헹군다. 이렇게 손을 제대로 씻는다면 질병을 예방하고 우리의 건강을 지킬 수 있을 것이다.

다　손은 우리 몸에서 가장 많이 사용되는 신체 부위이다. 손만 잘 씻어도 우리의 건강을 지킬 수 있다. 그래서 손 씻기가 왜 중요한지, 손을 어떻게 씻어야 하는지 알아보고자 한다.

01 위 글을 순서에 맞게 배열해 보십시오.

---

02 1번과 같이 배열한 이유도 말해 봅시다.

---

03 위 글의 제목을 만들어 봅시다.

확인해 봅시다

• 글의 구성에 따른 전개 방식의 특징을 알 수 있습니까?

• 글의 처음과 마지막 부분은 어떤 차이가 있는지 설명할 수 있습니까?

1 **다음 글을 읽고 질문에 답하십시오.**

얼마 전 뉴스에 새로 짓고 있는 건물이 자기 집의 일조권을 침해한다며 배상을 요구하는 사람이 나와 화제가 되고 있다. 그는 옆 건물로 인해 자신의 일조권이 심각한 피해를 입었다고 주장한다. 일조권은 햇빛을 받을 수 있도록 법적으로 보호 받는 권리를 말하는데 위의 사례처럼 새로 지은 건물이 햇빛을 차단한다면 일조권으로 인해 분쟁이 생길 수 있다. 그렇다면 일조권은 언제부터 법적으로 인정을 받았을까? 일조권에 대한 개념과 일조권의 구체적인 내용을 알아보도록 하자.

01 위 글은 글의 처음, 중간, 끝 중에서 어느 부분이라고 생각합니까?

_____

02 이 글의 다음에 어떤 내용이 이어질지 이야기해 봅시다.

_____

2 **다음 글을 읽고 질문에 답하십시오.**

최근 인터넷 쇼핑몰에서 운동화를 구매한 적이 있다. 며칠 후 인터넷에서 검색을 하다가 방문했던 쇼핑몰의 상품이 계속 뜨는 것을 발견하고 깜짝 놀랐다. 내가 구매한 브랜드의 할인 정보가 담긴 광고였다. 이처럼 웹사이트에 접속하면 우리가 검색했던 내용과 관련된 상품이 광고로 뜨는 경험을 한 적이 있을 것이다. 웹사이트에 접속한 기록 및 정보를 담은 '쿠키(cookie)'가 다른 웹사이트에 동일한 정보를 옮기기 때문인데 이렇게 사용자의 동의 없는 개인 정보의 활용 문제는 다음과 같은 점에서 문제가 될 수 있다.

01 위 글은 글의 처음, 중간, 끝 중에서 어느 부분이라고 생각합니까?

_____

02 위 글의 내용을 바탕으로 글의 제목을 만들어 봅시다.

_____

다음 글을 읽고 질문에 답하십시오.

물이 없어진다면 어떻게 될까? 우리 몸의 70%는 물로 이루어져 있고 단 하루라도 물을 마시지 않는다면 신체의 각 부분에 문제가 생기기 시작한다. 사람뿐만 아니라 식물과 동물이 살아가는 데에도 물은 반드시 필요하다. 또한 공장 시설을 운영하고 농사를 지을 때에도 물이 필수적이다. 만약 하루라도 물이 공급되지 않는다면 우리의 일상과 건강은 큰 어려움을 겪게 될 것이다. 그런데 우리는 물이 부족하다는 생각을 하지 않고 일상생활에서 물을 낭비하는 경향이 있다. 낭비가 심한 사람을 일러 '돈을 물 쓰듯 한다.'라는 속담이 있을 정도다. 물이 부족한 상황은 다른 나라의 일도, 먼 미래의 일도 아닌 지금 현재의 문제다. 물이 부족한 상황을 막기 위해 생활 속에서 우리가 실천할 수 있는 방법들을 알아보자.

01 위 글은 글의 처음, 중간, 끝 중에서 어느 부분이라고 생각합니까?

02 이 글의 다음에 어떤 내용이 이어질지 간단히 써 봅시다.

4 **다음 글을 읽고 질문에 답하십시오.**

앞에서 살펴본 바와 같이 자동차가 내뿜는 매연은 대기 오염의 주요 원인으로 지목되어 왔다. 환경 문제에 대응하기 위해 자동차 업계는 그동안 하이브리드, 전기 차, 수소 차와 같은 친환경 자동차를 개발해 왔다. 특히 최근에 전기 차는 발 빠르게 기존의 자동차를 대체하고 있는데, 환경에 대한 사람들의 인식이 높아진데다가 전기 차를 구매할 때 정부가 보조금을 지원해 주고 있기 때문이다. 아직 충전소의 수가 부족하고, 배터리 안전성 문제가 해결되지 않았지만 앞으로도 전기 차에 대한 관심과 소비는 증가할 것으로 전망된다. 이러한 추세에 발맞추어 정부는 전기 차 충전소를 더 늘리기 위한 방안을 곧 내 놓을 예정이며, 자동차 제조사들은 충전 속도 및 안정성을 높인 배터리를 개발 중이다. 이와 같은 노력이 지속된다면 전기 차는 더욱 빠른 속도로 늘어날 것이며, 대기의 질도 좋아질 것으로 기대된다.

01 위 글은 글의 처음, 중간, 끝 중에서 어느 부분이라고 생각합니까?

02 이 글의 앞에는 어떤 내용이 나왔을 것 같습니까?

요약하자면 오마주와 표절은 기존에 있던 작품을 재구성하거나 차용한다는 점에서는 비슷해 보이지만 원작자를 밝히는가 그렇지 않은가에서 큰 차이가 있다. 좋은 작품을 만들기 위해 작가가 들인 노력과 시간에 대한 존경의 뜻을 밝히는 오마주는 원작과 함께 사람들에게 사랑 받을 수 있다. 그러나 표절은 원작자를 밝히지 않는다는 점에서 창작의 고통을 외면하고 자신의 양심을 속이는 행위이므로 사회적 지탄을 면하기 어려운 것이다. 그러므로 우리는 표절된 작품에 대해 더 이상 관대해져서는 안 되며 그러한 문화가 우리 사회에 뿌리내리지 못하도록 제도적으로도 정비할 필요가 있다.

01 위 글은 글의 처음, 중간, 끝 중에서 어느 부분이라고 생각합니까?

_____

02 이 글의 앞에는 어떤 내용이 나왔을 것 같습니까?

_____

지금까지 세대별 난청 발생 빈도와 그 원인에 대해 알아보았다. 최근 노년층보다 젊은 세대의 난청이 급증한 결과는 이어폰의 사용 시간과 관련이 있다. 난청의 원인은 여러 가지가 있지만 이어폰을 과도하게 사용하는 것이 가장 큰 원인으로 밝혀졌기 때문이다. 청력은 한 번 손실되면 회복이 불가능하기 때문에 이를 예방하기 위한 노력이 필요하다. 따라서 이어폰을 오래 사용하지 않도록 하고 이어폰의 소리를 과도하게 높이지 말아야 한다. 이 외에도 이어폰 대신 헤드폰을 사용하거나 스피커를 통해 직접 음악을 듣는 것도 좋은 방법이다.

01 위 글은 글의 처음, 중간, 끝 중에서 어느 부분이라고 생각합니까?

_____

02 이 글의 앞에는 어떤 내용이 나왔을 것 같습니까?

_____

글은 크게 '시작, 중간, 마무리' 또는 '처음, 중간, 끝'으로 구성되는데 '머리말, 본문, 맺음말'이라고도 하고, 주장하는 글은 '서론, 본론, 결론'으로 표현합니다. 먼저 글의 처음 부분에서는 글에서 다루는 주제를 밝힙니다. 이때 주제와 관련되어 화제가 되는 일을 소개하거나, 그에 대한 예시 또는 다른 글을 인용하는 방법 등이 사용됩니다. 이 외에도 주제와 관련된 경험이 소개되거나 주제에 대한 문제 제기를 하는 방식이 사용되기도 합니다. 다음으로 글의 중간 부분에서는 글의 종류에 따라 설명 혹은 논증의 다양한 방식이 사용됩니다. 글의 마지막에서는 글 전체 내용을 요약하거나 강조할 수도 있고 주제에 대한 전망을 하거나 문제에 대한 대안을 제시할 수도 있습니다. 이처럼 글의 단계별로 내용이 전개되는 다양한 방식을 알면 글 전체의 흐름을 이해하는 데에 도움이 됩니다.

글을 시작할 때

- **화제** : 최근 사람들의 관심사가 되는 내용으로 시작
- **예시** : 주제와 관련된 예시를 제시하며 시작
- **인용** : 속담, 명언, 신문 기사 또는 신뢰할 만한 자료 등이 인용된 내용으로 시작
- **경험** : 자신 혹은 다른 사람의 경험을 간략하게 요약한 내용으로 시작
- **문제 제기:** 현재의 상황을 바탕으로 그에 대한 문제를 제기하는 내용으로 시작

글을 마무리할 때

- **요약** : 전체 내용을 간략하게 요약하여 마무리
- **대안 제시** : 앞에서 다룬 문제에 대한 해결 방법이나 대안을 제안하며 마무리
- **전망** : 현재 상황을 바탕으로 앞으로 예상되는 내용을 제시하며 마무리

Memo

7	1~6번까지의 글이 나타나는 위치를 다시 정리하고, 글의 내용이 전개되는 방식을 <보기>에서 찾아 써 보십시오.

보기	화제	전망	경험
	문제 제기	요약	대안 제시

글 번호	글의 위치	내용이 전개되는 방식
1번	처음	화제
2번		
3번		
4번		
5번		
6번		

8	다음 글을 읽고 질문에 답하십시오.

결제하기

　얼마 전 마트에서 물건을 살 때 지갑을 집에 놓고 나와서 당황한 적이 있었다. 그러나 요즘은 지갑이 없어도 휴대폰 하나만 있으면 버스나 지하철도 이용하고, 편의점뿐만 아니라 백화점이나 시장에서도 충분히 물건을 살 수 있는 시대가 되었다. 이처럼 어떤 제품이나 서비스를 구매할 때 과거에는 동전이나 지폐 또는 카드를 사용했지만 최근에는 QR코드를 통해 지불하는 방식도 늘고 있다. 이와 같이 제품이나 서비스를 받는 대가로 지불하는 모든 형태의 수단을 화폐라고 한다. 그렇다면 사람들은 언제부터 화폐를 사용했을까? 화폐의 변화에 대해 자세히 알아보자. 화폐가 사용되기 전에는 물건과 물건을 교환하는 형태인 물물교환 방식이 사용되었다. 고기를 가진 사람과 과일을 가진 사람이 서로 원하는 조건이 맞을 때 이를 맞바꾸는 것이다. 그러나 원하는 조건이 맞는 상대방을 찾는 것은 쉽지 않았다. 그래서 사람들은 물건을 교환하기 위한 시간과 노력을 줄이기 위해 화폐의 형태를 도입했다. 처음 사용된 화폐는 휴대와 보관이 편리한 조개껍데기나 돌로 만든 도구, 씨앗, 가죽 등이었다. 그러나 시간이 흐르면서 변형이 되고 파손이 일어나게 되면서 이를 막기 위해 사용한 것이 금, 은과 같은 광물이었다. 금이나 은은 변형이 쉽게 되지 않으며 오래 보관할 수 있었으나 도난이나 분실의 우려가 있었고 무거워서 휴대하기 힘들었다. 이후 사람들은 현재와 같은 형태의 동전이나 지폐 형태의 화폐를 만들게 되었다. 이처럼 사람들은 사용과 휴대의 편의를 위해 화폐의 형태를 계속 발전시켜 왔다. 화폐는 기술이 발전함에 따라 다양한 방식으로 사람들 간의 거래를 이어주고 있으며 계속 변화하고 있다. 앞으로도 과학 기술의 발전에 따라 화폐의 형태는 지속적으로 변화할 것으로 보인다.

01 위 글을 흐름에 따라 세 부분으로 나누어 보십시오.

처음	얼마 전 마트에서~
중간	
끝	~ 보인다.

02 글쓴이가 이 글의 처음 부분에서 사용한 전개 방식은 무엇입니까?

_____

03 글쓴이가 이 글의 끝에서 사용한 전개 방식 두 가지를 찾아보십시오.

_____

04 글의 제목을 만들어 봅시다.

_____

05 이 글의 시작 부분을 다른 방식으로 고쳐 쓴다면 어떻게 쓰겠습니까? 앞에서 배운 내용을 참고하여 써 보십시오.

이처럼 어떤 제품이나 서비스를 구매할 때 과거에는 동전이나 지폐 또는 카드를 사용했지만 최근에는 QR코드를 통해 지불하는 방식도 늘고 있다. 이와 같이 제품이나 서비스를 받는 대가로 지불하는 모든 형태의 수단을 화폐라고 한다.

정리해 봅시다

- 글의 내용을 읽고 처음, 중간, 끝 중에서 어디에 속하는지 파악할 수 있습니까?
- 처음, 중간, 끝의 각 단계에서 어떤 전개 방식을 주로 사용하는지 알 수 있습니까?

Memo

들어가기

세균	
전염병	
헹구다	
제거되다	
적시다	
거품	
신체 부위	

글의 구성 이해하기

1	일조권	
	침해하다	
	배상	
2	접속하다	
	동일하다	
3	운영하다	
	필수적이다	
	공급되다	
	낭비하다	
4	매연	
	지목되다	
	대응하다	
	하이브리드	
	수소 차	
	대체하다	
	보조금	
	지원하다	
	추세	
	발맞추다	
	지속되다	
5	오마주	
	표절	
	재구성	

5	차용하다	
	원작자	
	존경	
	창작	
	외면하다	
	양심	
	지탄	
	면하다	
	관대하다	
	제도	
	정비하다	
6	난청	
	빈도	
	과도하다	
	청력	
	손실되다	
	회복	

더 알아보기

지불하다	
대가	
수단	
도입하다	
변형	
파손	
광물	
도난	
분실	
우려	
지속적	

4

서술 방식 파악하기

◇ 이 과에서는

다양한 서술 방식에 대해 알아봅니다. 글쓴이는 글의 내용을 효과적으로 전달하기 위해 정의, 예시, 비교, 대조, 분류, 분석, 인용과 같은 다양한 서술 방법을 활용합니다. 이 과에서는 이러한 서술 방식들에 대해 구체적으로 알아보고자 합니다.

💡 **다음 글을 읽고 질문에 답하십시오.**

공해란 산업이나 교통이 발달하면서 사람이나 자연에게 주는 여러 가지 피해를 말한다. 우리가 일상생활에서 흔히 접하는 소음 공해, 빛 공해, 빌딩 공해, 교통 공해를 예로 들 수 있는데 최근에는 빛 공해가 심각한 사회 문제가 되고 있다. 빛 공해는 문자 그대로 지나치게 강한 빛을 내는 조명 때문에 발생하는 피해를 뜻한다. 식물이 장시간 강한 빛에 노출되어 정상적으로 성장하지 못하는 경우, 빛 때문에 수면이 방해 받는 경우, 과도한 차량의 불빛 때문에 보행자의 안전이 위협 받는 경우가 이에 해당된다. 이와 같은 피해를 줄이기 위해 한국에서도 '인공조명에 의한 빛 공해 방지법'을 제정하여 2020년부터 시행하고 있으며, 조명의 사용 범위와 정도를 법 조항으로 정해서 빛 공해로 인한 피해를 최소화하려는 노력을 하고 있다.

01 위 글은 '무엇'을 설명하기 위한 글입니까?

_____

02 위 글에서 사용된 서술 방식을 모두 고르십시오.

☐ 정의   ☐ 예시   ☐ 비교

☐ 분류   ☐ 분석   ☐ 인용

03 각 서술 방식들이 사용된 문장들을 찾아보고, 그 표현을 정리해 보십시오.

_____

확인해 봅시다
- 서술 방식이 무엇인지 이해했습니까?
- 주제나 대상을 기술하기 위해 어떤 서술 방식이 사용되었는지 파악할 수 있습니까?

여러분이 생각하는 사과의 이미지는 어떤 것입니까?

A.   B.   C.   D.

위 네 개의 사진은 모양, 색깔, 크기가 조금씩 다름에도 불구하고 사람들은 이것들을 '사과'라고 부릅니다. 그것은 우리의 머릿속에 '사과'라는 단어가 가진 공통된 속성이 있기 때문이며 이는 사회적으로 약속된 것입니다. 이것을 '정의'라고 하는데 '사과'라는 단어는 '과일'이라는 상위 개념과의 관계 속에서 다른 과일과 구별되는 속성이나 특징으로 규정됩니다.

대상	상위 개념	속성 및 특성
사과	과일	장미과에 속하는 사과나무의 열매 주로 북반구의 온대 지방에서 자라며 시고 달콤한 맛을 지님

위의 내용을 바탕으로 사과를 다음과 같이 정의할 수 있습니다.

사과란 장미과에 속하는 사과나무의 열매로 주로 북반구의 온대 지방에서 자라며 시고 달콤한 맛을 지닌 과일을 말한다.

정의에 주로 사용되는 표현은 다음과 같습니다.

정의 표현
• ~(이)란   ~을/를 말한다(뜻한다/ 의미한다) • ~은/는

여러분의 전공은 무엇입니까? 학과 홈페이지나 전공 서적을 찾아본 후, 위에 제시된 표현을 사용하여 전공 학문을 정의해 보십시오.

_____ 학이란 _____

_____

_____

다음 글은 무엇에 대해 정의하고 있습니까? _____

소셜 미디어(Social Media)란 사람들의 의견, 생각, 경험, 관점들을 서로 공유하기 위해 사용하는 온라인 도구나 플랫폼을 말한다. 이러한 소셜 미디어는 텍스트, 이미지, 오디오, 비디오 등의 다양한 형태를 가지고 있는데, 대표적으로 블로그(blogs), 소셜 네트워크(Social Networks), 메시지 보드(Message Boards), 팟캐스트(Podcasts), 위키스(Wikis), 비디오 블로그(Vlog) 등이 있다.

[네이버 지식백과] 소셜 미디어 [Social Media] (손에 잡히는 IT 시사용어, 2008.02.01.) 중에서

예시 exemplification

예시란 어떤 대상을 쉽게 이해시키기 위해서 구체적인 예를 드는 것을 말합니다. 설명하고자 하는 대상에 속하는 것을 나열하는 방법도 있고, 그 대상의 특성을 잘 보여주기 위해 실제의 예(사례)를 서술하는 방법도 있습니다.

예시 표현	
• 예를 들면	• ~의 예로 _____, _____, _____을/를 들 수 있다
• 예를 들어	• _____, _____, _____ 등을 그 예로 들 수 있다
• 예컨대	• _____, _____, _____ 등이 ~에 속한다

3 다음 글을 읽고 질문에 답하십시오.

보석이란 무엇일까? 지구상에는 2,000여 종류의 다양한 천연 광물이 존재한다. 그런데 이 중에서도 아름답고 견고하며 희소성이 매우 높은 천연 광물 100여 종을 보석이라고 부른다. 다이아몬드, 루비, 옥 등을 그 예로 들 수 있다. 보석이 갖는 단단함, 찬란한 빛, 흔치 않은 아름다움은 불가사의하고 신비로운 힘을 갖고 있다고 여겼기 때문에 오랜 세월 동안 인류에게 사랑 받아 왔다.

01 위 글에서 예시가 나타난 문장은 어느 것입니까? 밑줄을 그어 보십시오.

_____

02 밑줄 친 문장을 다른 예시 표현으로 바꾸어 보십시오.

- _____
- _____
- _____

4 다음 글을 읽고 질문에 답하십시오.

진돗개는 한국을 대표하는 토종견으로 전라남도 진도군이 원산지이다. '진도개'는 진돗개 중에서도 진도에서 태어나 진도개 심의위원회에서 정한 혈통과 표준 체형을 갖춘 개를 말하는데 1962년에 천연기념물로 지정되었다. 이 진도개는 주인에게 충직하며 성격이 용맹스러운데 이러한 특성을 잘 보여주는 예로 '돌아온 백구'를 들 수 있다.

1993년 3월 진도에 사는 박복단 할머니는 키우던 진도개 백구를 대전에 사는 사람에게 팔게 되었는데, 백구는 7개월 후 무려 300km나 되는 거리를 걸어 다시 할머니 집으로 돌아왔다. 이 이야기는 많은 사람에게 감동을 주었고 진도개가 주인에게 얼마나 충성스러운지를 알리는 계기가 되었다.

01 위 글에서 '진도개'를 정의한 부분을 찾아보십시오.

02 예시가 사용된 부분은 어디입니까? 밑줄을 그어 보십시오.

03 3번의 글과 비교했을 때 예시의 방식이 어떻게 다른지 이야기해 보십시오.

비교와 대조 comparison & contrast

비교는 공통점을, 대조는 차이점을 말합니다. 다만 서로 같은 층위나 범주에 있는 대상을 비교·대조하여야 합니다.

대 중 음 악				
록(rock)	재즈(jazz)	발라드(ballads)	트로트(trot)	힙합(hip-hop)

대중음악의 하위 범주에 있는 록과 재즈 또는 록과 트로트를 비교하거나 대조할 수는 있지만 상위 범주인 대중음악과 하위 범주인 록, 재즈, 발라드, 트로트, 힙합 등과는 비교하거나 대조하지 않습니다. 비교와 대조에서 주로 쓰이는 표현은 다음과 같습니다.

비교 표현	대조 표현
• A는 B와 마찬가지로 • A와 마찬가지로 B도 • A와 B는 ～ 점(면/것)에서 같다/유사하다 • A와 B는 ～ 점(면/것)에서 공통점이 있다	• 이와 달리 • 반면에 • ～ ㄴ/은/는 반면(에) • A는 ～ ㄴ/은/는데 반해(서) • A와 B는 ～ 점(면/것)에서 차이가 있다 • A와 B는 ～ 다는 점에서 다르다/구별된다

　　록(rock)과 발라드(ballads)는 현대인들에게 사랑 받는 대표적인 대중음악 장르지만 그 출발부터 다른 점이 많다. 록은 록앤드롤(rock & roll)의 줄임말로 로큰롤(rock'n'roll)로 불리기도 하는데 처음에는 1940년대 미국 흑인들 사이에 유행한 춤의 이름을 지칭하는 것이었으나 1964년 영국의 4인조 그룹 비틀스(The Beatles)가 등장하면서 '록'이라는 단어가 독립적으로 사용되기 시작하였다. 반면에 발라드는 이야기 형식으로 된 중세 유럽의 민요를 뜻하는 단어였으나 19세기에는 영국 상류사회에서 유행하던 가곡을 가리키는 의미로 쓰이다가 현대에 와서는 느리고 서정적인 노래들을 통칭하는 의미로 사용되고 있다.

01 위 글에서 주로 사용한 서술 방식은 무엇입니까?

　　☐ 비교　　　　　　　　　　☐ 대조

02 위 글의 내용과 같은 것은 무엇입니까?

　　① 록은 발라드보다 그 역사가 길다.

　　② 로큰롤은 영국의 4인조 그룹 비틀스가 만들었다.

　　③ 발라드는 록과 마찬가지로 춤을 가리키는 말이었다.

　　④ 록과 발라드 모두 처음의 의미와는 다른 의미로 사용되고 있다.

　　가야금과 거문고는 얼핏 보면 모양이 매우 비슷하다. 두 악기 모두 한국의 전통 현악기이며, 습기에 강하고 단단한 오동나무로 만들어진다.

　　그렇지만 악기가 만들어진 시기, 줄(현)의 숫자, 연주법에서는 차이가 있다. 가야금은 이름에서 알 수 있듯이 3세기 경 가야에서 중국의 쟁이라는 악기를 본떠 만들었다고 전해지는 반면 거문고는 5세기 경 고구려에서 중국의 칠현금이라는 악기를 고쳐서 만들었다고 전해진다.

　　또한 가야금은 12개의 줄을 기러기발 모양의 안족이

떠받치고 있는데 반해 거문고는 평평한 판 위에 높이와 길이가 다른 괘가 붙어 있고 이 위로 6개의 줄이 놓인다.

　두 악기는 연주법도 다르다. 가야금은 맨손을 사용하는데 오른손은 손가락을 이용해 줄을 뜯거나 튕기고 왼손으로는 안족을 짚고 누르면서 다양한 소리를 낸다. 이와 달리 거문고는 술대라는 막대를 이용해 줄을 뜯거나 내리찍으면서 연주를 한다.

01 비교·대조한 대상은 무엇입니까? _____

02 읽은 내용을 아래의 표에 정리해 보십시오.

대상	공통점	차이점		
		만들어진 시기	_____	_____
가야금	모양, 한국의 전통 현악기, _____	3세기, 가야	_____	맨손 사용
거문고		_____, _____	_____	_____ 사용

분류 classification

　분류란 일정한 기준을 정하여 대상을 나누는 것을 말합니다. 분류는 대학에서 다루는 학문 분야는 물론 우리 생활 곳곳에서도 사용되고 있습니다. 대학교에는 여러 개의 단과 대학이 있고, 각 단과 대학에는 다양한 학과와 전공이 개설되어 있으며 각 학문 분야는 다시 여러 개의 세부 전공으로 나뉘게 됩니다. 도서관에서 책을 배열하는 방식, 백화점이나 마트에서 상품을 진열하는 방식 등이 모두 분류와 관계가 있습니다.

여러분이 속한 학교의 단과 대학이 어떻게 나누어져 있는지 조사해 보고, 내가 속한 단과 대학과 학과의 전공이 어떻게 분류되어 있는지 써 보십시오.

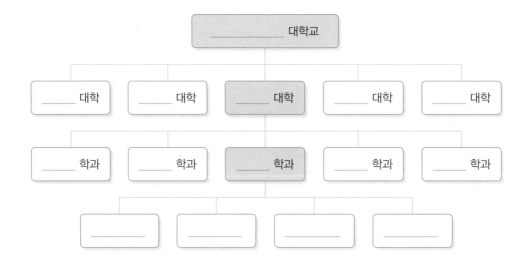

7   다음 글을 잘 읽고 표에 알맞은 내용을 쓰십시오.

어디서나 볼 수 있는 것 중의 하나가 시계와 달력이다. 이 둘의 공통점은 인류가 정한 시간 범주를 나타낸다는 것이다. 일 년, 한 달, 하루와 같이 시간의 단위를 정하는 것을 역법(曆法, calender)이라고 하는데 역법에 가장 큰 영향을 미치는 것은 지구의 자전 주기와 공전 주기, 달의 삭망 주기이다. 이 세 가지 중 어느 주기를 기준으로 하느냐에 따라 태양력, 태음력, 태음태양력으로 분류할 수 있다. 태양력은 지구가 태양을 한 바퀴 도는 시간을 일 년으로 한 것이고, 태음력은 달의 삭망 주기를 기준으로 한 것이며, 태음태양력은 태음력을 기준으로 하되 윤달을 두어 태양력과 절충한 것이다.

분류 대상	분류 기준	분류
		• • •

다음 글을 읽고 질문에 답하십시오.

　　국민들이 최소한의 인간다운 삶을 누릴 수 있도록 하는 것을 사회복지제도라고 한다. 이러한 사회복지제도 중 대표적인 것이 사회보험인데 살면서 겪을 수 있는 질병, 실업, 노령, 장애 등 다양한 위험에 대비하여 국민들이 가입해야 하는 국가 보험 서비스라고 할 수 있다. 한국의 사회보험은 건강보험, 고용보험, 국민연금, 산업재해보상보험의 네 가지로 나눌 수 있다. 건강보험은 아플 때 의료비 지원을 받을 수 있는 제도이고, 고용보험은 일자리를 잃었을 때 일정 기간 동안 금전적인 지원을 받을 수 있는 제도이다. 또한 국민연금은 경제 활동을 하는 동안 일정 금액을 미리 저축했다가 나이가 들어 경제적 활동이 어려울 때부터 죽을 때까지 생활비를 지급 받는 것을 말한다. 마지막으로 산업재해보상보험은 근로자가 업무를 하는 과정에서 신체적·정신적 피해를 당했을 때 보상 받을 수 있도록 사업주가 의무적으로 가입하는 사회보험이다.

01 위 글에 사용된 주된 서술 방식은 무엇입니까? 해당되는 것을 모두 고르십시오.

☐ 정의　　　　☐ 예시　　　　☐ 비교　　　　☐ 대조　　　　☐ 분류

02 제시된 상황에 맞는 사회보험을 연결해 보십시오.

① 일하다가 팔을 다쳤을 때　　　　　　　•　　　　• 건강보험

② 나이가 많아서 일자리가 없을 때　　　　•　　　　• 고용보험

③ 다니던 회사에서 해고를 당했을 때　　　•　　　　• 국민연금

④ 병에 걸려서 수술을 받았을 때　　　　　•　　　　• 산업재해보상보험

분석이란 하나의 대상을 이루는 요소들이 무엇인지 살펴보는 것입니다. 그리고 각 요소들이 어떤 기능과 역할을 하는지 서로 어떤 연관성이 있는지 파악합니다. 분석의 대상은 구체적인 사물일 수도 있지만 어떤 사건이나 현상일 수도 있습니다.

분석 표현
• ~은/는 ~(으)로 구성되어 있다(이루어져 있다)
• ~은/는 ~ㄴ/은/는 기능(역할)을 한다
• ~의 기능(역할)은 ~이다

9 다음은 시계를 분석한 글입니다. 잘 읽고 질문에 답하십시오.

우리에게 시간을 알려주는 시계. 시계의 얼굴이라고 할 수 있는 시계 판 위에는 1부터 12까지의 숫자와 시곗바늘이 있고, 그 아래에는 시간을 계산하고 알려 주는 여러 장치가 숨겨져 있다. 또한 시계의 오른쪽 측면에 살짝 튀어나온 부분이 있는데 이것을 용두라고 한다.

용두의 태엽을 감아서 동력을 만드는 방식의 시계를 기계식 시계라고 부르는데 기계식 시계의 무브먼트(movement, 시계가 작동하도록 하는 내부 장치)는 대략 용두, 메인스프링(main spring), 탈진기(escapement), 밸런스 휠(balance wheel), 톱니바퀴, 시곗바늘로 구성되어 있다.

시계 외부에 있는 용두는 태엽을 돌려 에너지를 발생시키는 역할을 한다. 용두에서 발생된 에너지는 시계 내부의 메인스프링으로 전달되고, 다시 시계의 뇌라고 불리는 탈진기(escapement)와 밸런스 휠(balance wheel)로 전달된다. 이때부터 두 개의 장치는 서로 맞물려서 똑딱똑딱 소리를 내며 일정한 간격과 속도로 움직이게 된다. 시계의 정확성은 바로 이 장치에서 비롯되는 것이며, 초침을 나타내는 톱니바퀴와 연결된다.

초침 톱니바퀴에는 60바퀴 회전할 때 1분을 이동하는 분침 톱니바퀴가 연결되고, 분침 톱니바퀴는 한 번 회전할 때 한 시간을 가는 시침 톱니바퀴와 연결된다. 규칙적인 시간의 흐름을 가능하게 하는 것이 바로 세 개의 톱니바퀴이고, 이 톱니바퀴들은 시침·분침·초침의 시곗바늘로 이어져 우리에게 시간을 알려 주는 기능을 한다.

기계식 시계는 미세한 부품들이 수학적 계산을 통해 정교하게 맞물리고 규칙적으로 움직이기 때문에 그 자체로 아름답기도 하거니와 오랜 세월 사용해도 오차가 거의 없어 스마트폰과 디지털시계가 일반화된 현재까지도 많은 사람들의 사랑을 받고 있다.

01 분석의 표현이 사용된 부분을 찾아 밑줄을 그어 보십시오.

02 읽은 내용을 바탕으로 빈칸에 알맞은 내용을 쓰십시오.

분류 대상	대상의 구성 요소	구성 요소의 역할(기능)
	용두	
	탈진기와 밸런스 휠	두 장치가 맞물려 일정한 간격과 속도로 움직이게 됨
		규칙적인 시간의 흐름을 가능하게 함
	시곗바늘	

Memo

버락 오바마(Barack Obama)는 미국의 첫 아프리카계 대통령이자 노벨평화상 수상자이기도 하다. 오바마는 말을 잘하기로 유명한데 실제로 그를 대통령에 당선시킨 주요한 요인으로 감동적 연설을 꼽는다. 과연 무엇이 3억 미국인의 마음을 움직였을까? 그가 가진 말의 힘은 어디에서 비롯된 것일까?

이러한 궁금증을 해결하기 위해 다양한 분야의 사람들이 그의 연설과 화법을 분석하여 책이나 논문으로 출간하였는데 그 내용을 소개하면 다음과 같다.

첫째, 자기 자신의 경험들을 솔직하게 말하면서 청중과의 공감대를 형성한다. 케냐 출신 아버지로 인해 피부색이 다르다는 이유로 겪었던 차별, 부모님의 이혼과 재혼으로 인한 남다른 경험, 대학 진학 이후 했던 공동체 활동의 경험 등을 마치 대화하듯이 말하면서 당면한 문제를 함께 해결할 수 있다는 믿음을 청중에게 주는 것이다. 이것은 기존의 대통령들이 자신의 유능함을 강조하며 잘 이끌어가겠다고 선언하는 화법과는 확실히 다른 것이다.

둘째, 어려운 어휘나 화려한 수사법 대신 쉽고 분명한 표현을 사용한다. 이는 말의 표현보다는 전달하고자 하는 내용에 더 중점을 두기 때문인데 청중을 고려하여 자신의 말이 정확하고 쉽게 이해될 수 있도록 하는 것이다. 그래서 그의 연설을 들은 후 각자 다른 해석을 한다든지 불필요한 오해를 불러일으킨다든지 하는 경우는 거의 없다.

셋째, 겸손하고 예의 있는 태도이다. 겸손한 척하는 것이 아니라 자신의 진심을 담아서 상대방에게 호소하는 태도가 마음을 움직인다는 것이다. 그의 연설 내용들을 살펴보면 기존의 정치인들이 상대방 후보를 비방하거나 정책을 비판한 것과는 달리 언어공동체의 화합을 호소하는 내용들이 많다는 것을 알 수 있다.

넷째, 긍정적인 메시지를 동일하고 반복적인 문장으로 리듬감 있게 전달한다. 그는 자신이 전하고자 하는 메시지를 청중이 오랫동안 기억할 수 있도록 동일한 통사구조를 사용하여 반복적으로 말하곤 한다. 그런데 이것이 지루하게 느껴지지 않는 것은 박력 있고 리듬감 있는 표현력 때문이다. 그래서 연설이 끝나고 나서도 청중들은 그의 메시지를 잊지 않고 또렷하게 기억할 수 있는 것이다.

이 외에도 여러 요인이 있는데 그가 말만 잘하는 대통령이었다면 재임에 성공하지 못했을 것이다. 자신의 생각과 신념을 정확하고 효과적으로 표현할 뿐만 아니라 말의 내용을 실천하려는 진심과 의지가 있었기 때문에 오바마의 말은 강력한 힘을 갖게 된 것이다.

분석한 대상은 무엇입니까? _____

'오마바의 화법'에 대한 분석을 요약해 보십시오.

- _____
- _____
- _____
- _____

인용 quotation

인용이란 설명하고자 하는 대상에 정확성과 권위를 부여하거나 주장하고자 하는 내용에 객관성과 논리적 타당성을 부여하기 위해서 다른 사람의 말이나 책의 내용 등을 일부 가져와 쓰는 것을 말합니다. 인용을 할 때는 해당 분야 전문가의 말, 믿을 만한 기관의 연구나 조사 결과, 공인된 출판물 등 신뢰할 만한 자료를 가져오는 것이 중요합니다.

여러분은 '가'와 '나' 중 어느 글이 더 믿을 만하다고 생각합니까?

가. **내 친구 말에 의하면** 1400년대 이전에는 김치에 고춧가루가 들어가지 않았다고 한다.

나. **발효 음식 전문가 하재익 씨에 따르면** 1400년대 이전에는 김치에 고춧가루가 들어가지 않았다고 한다.

인용 표현	
• ~에 따르면/ 의하면	• ~다고 하다/ 보다/ 말하다
• ~은/는	• ~다고 보다/ 밝히다/ 주장하다
• ~에서(는)	• ~다는 결과가 나오다
• ~에 ~다는 말이 있다	• ~으(로) 조사되다/ 나타나다

가 한국 속담에 '고기는 씹어야 맛이고 말은 해야 맛이다.'라는 말이 있다. 그리고 1974년에 처음 출시된 '초코파이' 광고의 노랫말은 20년 이상 '말하지 않아도 알아요.'였는데 2012년 이후에는 '아닙니다. 말하지 않으면 모릅니다.', '정 때문에 못한 말, 까놓고 말하자.'라는 광고 문구가 추가되었다. 소통이 그만큼 중요해진 것이다. 의사소통 전문가인 김선중 씨에 따르면 무조건 참는 것보다 대화를 하는 것이 문제 해결 가능성을 70% 이상 높인다고 한다. 어떤 문제나 갈등 상황이 있을 때 자신의 생각이나 의견을 말로 표현해야 해결의 문이 열린다.

나 '씨스피라시(Seaspiracy)'라는 다큐멘터리 영화가 논란이 되고 있는데 제목 '씨스피라시'는 '바다(sea)'와 '음모(conspiracy)'를 합성한 단어이다. 이 영화는 해양 생태계를 파괴하는 수산업계와 해양 환경을 보호하는 것으로 포장된 시민 단체를 고발하고 있다. 우리는 바다 쓰레기의 대부분이 육지에서 버린 것이라고 알고 있는데 이 영화의 감독인 알리 타브리지에 의하면 바다 쓰레기의 대부분은 배에서 버린 어구와 그물이라고 한다. 또한 해양관리협의회(MSC)라는 비영리 기구도 '지속 가능한' 어업을 주장하고 있지만 사실은 수산업 관련 기업의 이

윤 추구를 돕고 있다고 주장한다. 그러나 다큐멘터리에서 인터뷰에 응했던 일부 사람들은 자신들이 말한 내용이 왜곡되었고 과장되어 편집되었다고 항변하고 있다. 뿐만 아니라 영화에서 언급된 '2048년 해양 생물멸종'에 대한 내용이 원래의 연구 결과와 다르다는 지적도 있다. 이에 대해 영국의 엑서터대 캘럼 로버츠 교수는 해양 생물 멸종 시기가 2048년이든 2079년이든 내용의 방향이 옳다는 게 중요하며 핵심은 우리가 바다에 엄청난 피해를 주고 있다는 사실이라고도 했다.

- 서술 방식에 어떤 것들이 있는지 말해 보십시오.
- 각 서술 방식의 특징, 표현 방식을 이해했습니까? 잘 이해했으면 O, 아직도 모르는 부분이 조금 있다면 △, 이해하지 못했다면 X 로 표시해 보십시오.

정의	예시	비교와 대조	분류	분석	인용

Memo

4과 어휘 목록

들어가기

산업	
소음	
조명	
노출되다	
보행자	
위협	
인공조명	
제정하다	
조항	

정의

속성	
규정하다	

예시

3	천연	
	광물	
	견고하다	
	희소성	
	찬란하다	
	불가사의하다	
	신비롭다	
	토종	
	원산지	
	혈통	
4	천연기념물	
	충직하다	
	용맹스럽다	
	계기	

비교와 대조

5	지칭하다	
	중세	

5	민요	
	가곡	
	서정적	
	통칭하다	
6	얼핏	
	현악기	
	본뜨다	
	기러기	
	떠받치다	
	평평하다	
	뜯다	
	튕기다	
	짚다	

분류

7	범주	
	단위	
	역법	
	자전	
	주기	
	공전	
	삭망	
	윤달	
	절충	
8	사회복지	
	실업	
	노령	
	고용	
	연금	
	재해	
	금전적	
	지원	

5

논증구조
파악하기

⊙ 이 과에서는

논증의 구조에 대해 학습합니다. 논증이란 타당한 근거를 가지고 자기의 생각을 논리적으로 주장하는 것을 말합니다. 그래서 논증의 글은 글쓴이의 주장과 이에 대한 근거로 이루어져 있습니다. 논증의 글은 보통 서론에 주제와 관련된 현상 분석과 그에 대한 문제 제기가 나옵니다. 본론에서는 글쓴이의 주장에 대한 근거가 제시됩니다. 이때 근거는 글의 주장을 뒷받침하기 위한 타당하고 객관적인 사실 및 자료를 말합니다. 마지막으로 결론 부분에서는 전체 내용을 요약하거나 주장을 다시 강조하기도 하고, 문제 상황에 대한 해결 방안이나 전망을 제시하기도 합니다. 논증의 글은 보통 위와 같은 구조를 따르므로 이러한 글을 읽을 때에는 주장과 주제와의 관련성, 근거의 타당성과 적절성 등을 살펴보는 것이 도움이 됩니다.

다음 글을 읽고 질문에 답하십시오.

① 최근 폭염·홍수·가뭄 등과 같은 이상 기후 현상 때문에 지구 곳곳이 몸살을 앓고 있다. ② 과학자들은 이러한 이상 기후가 지구 온난화 때문에 발생한다고 보고 있으며, 지구 온난화를 일으키는 대부분의 원인으로 우리가 일상생활에서 내놓는 탄소를 꼽았다. ③ 탄소는 공장에서도 배출되지만 자동차, 엘리베이터, 에어컨과 같은 전기 제품을 사용할 때에도 많은 양이 배출된다. ④ 심지어 우리가 자주 먹는 육류를 생산하는 과정에서도 배출된다고 한다. ⑤ 그동안 우리는 매일 많은 양의 탄소를 배출하며 지구 온난화를 더욱 빨리 진행시켰고, 그 결과 이상 기후에 따른 자연 재해를 고스란히 떠안게 되었다. ⑥ 우리가 탄소 배출을 줄이기 위한 노력을 하지 않으면 그 피해는 인간에게 모두 돌아올 것이다. ⑦ 따라서 하루라도 빨리 탄소 배출을 줄이기 위해 노력해야 할 것이다.

01 글쓴이가 문제라고 생각하는 것은 무엇입니까? ☐ ☐ ☐ ☐

02 ① ～ ⑦의 문장 중에서 글쓴이의 주장이 잘 나타난 문장을 모두 고르십시오.

_____

03 주장의 근거가 되는 문장의 번호를 모두 써 보십시오.

_____

확인해 봅시다
· 글에서 주장을 찾을 수 있습니까?
· 글에서 주장을 뒷받침하는 근거를 찾을 수 있습니까?

1 다음 글을 읽고 질문에 답하십시오.

만 15세 이상의 미성년자는 보호자의 동의가 있으면 아르바이트가 가능하기 때문에 많은 청소년들이 아르바이트를 하고 싶어 한다. 청소년 시기부터 독립적인 성향을 기를 수 있고 직업에 대한 경험을 쌓을 수 있다는 측면에서 미성년자의 아르바이트에 찬성하는 사람도 많지만 부작용이 만만치 않다. 첫째, 미성년자가 아르바이트를 하는 것은 학업에 방해가 된다. 청소년의 대부분은 자신의 미래를 설계하기 위해 학업에 집중한다. 그러나 이 시기에 아르바이트를 하면 육체적·정신적으로 피로가 쌓이기 때문에 수업 시간에 집중하기 어렵다. 둘째, 청소년기에 잘못된 소비 습관이 생기게 된다. 돈을 버는 것도 중요하지만 잘 쓰는 것도 중요하다. 아르바이트를 통해 벌어들인 수입을 단순한 놀이나 유흥을 위해 사용한다면 잘못된 경제관념이 생기기 쉽다. 셋째, 아르바이트 과정에서 부당한 대우를 받거나 법적인 보호를 받지 못할 수도 있다. 미성년자의 아르바이트는 반드시 부모의 동의가 필요하지만 부모가 동의를 할 수 없는 상황이거나 미성년자가 부모에게 알리고 싶어 하지 않는 경우 사업주와 구두로만 계약하는 사례들이 있다. 일자리를 구하려는 청소년과 인건비를 아끼려는 사업주의 목적이 서로 부합되는 것이다. 미성년 아르바이트생들이 정식으로 근로계약서를 쓰지 않으면 정당한 대가나 보호를 받지 못하는 경우도 많다. 이처럼 미성년자가 아르바이트를 하는 것에는 긍정적인 기능도 있지만 아직은 부정적인 요소가 더욱 많다고 생각한다. 그러므로 미성년자가 아르바이트를 하는 것은 적절하지 않다.

위 글에 나타난 글쓴이의 주장과 근거를 정리해 봅시다.

주장	
근거	•　 •　 •

가 　최근 유전자 조작 식품에 대한 논의가 뜨겁다. 유전자 조작 식품은 유전자의 구성을 변형하여 맛이나 크기, 생산량 등을 조절한 것으로 콩과 옥수수가 대표적이다. 그런데 유전자 조작 식품을 섭취한 사람들에게서 이상 반응이 일어났다거나 유전자의 변이가 생겨서 건강을 잃었다는 문제가 제기되기도 한다. 이처럼 유전자 조작 식품은 많은 사람들에게 공포 또는 회피의 대상이 되고 있다. 그러나 이를 무조건 반대할 것이 아니라 유전자 조작 식품이 우리 인간에게 미치는 득과 실을 모두 살펴볼 필요가 있다.

나 　우선 유전자 조작 식품은 현재 직면하고 있는 식량 부족 문제를 해결할 방안이 된다. 여전히 많은 국가에서 식량 부족으로 생명을 잃는 사람들이 끊이지 않고 있으며 이상 기후 및 병충해로 인해 작물 재배에 어려움이 생기기도 한다. 예를 들어 우리가 즐겨 먹는 과일인 바나나가 곰팡이 때문에 최근 멸종 위기에 처해 있는데, 이를 막기 위해 과학자들은 유전자를 조작해서 곰팡이에 강한 품종을 개발 중이다. 유전자 조작 식품은 이처럼 작물의 수확에 도움이 되므로 식량난을 해결하는 방법이 될 수 있다. 다음으로 유전자 조작 식품은 의약품 개발에도 도움이 된다. 질병의 치료에 효과적인 성분을 함유한 식품에서 유전자의 배열을 변형 혹은 조작함으로써 유전병 및 바이러스성 질환 등에 대한 치료제가 개발되기도 한다.

다 　이처럼 유전자 조작 식품이 인간의 삶에 미치는 효용성을 외면하고 안전성에 대한 우려 때문에 당장 유전자 조작 식품의 생산을 중단한다면 식량 위기에 직면하게 되고 저렴한 가격에 효율적인 치료가 가능한 여러 약품에 대한 개발도 어려울 수 있다. 따라서 무조건 유전자 조작 식품을 회피할 것이 아니라 유익한 기능도 고려해서 판단해야 할 것이다.

01 글쓴이의 주장이 가장 잘 나타난 단락은 무엇입니까?

_____

02 글쓴이가 객관적인 근거를 제시하기 위해 사용한 서술 방식은 무엇입니까?

☐ 예시　　　　　☐ 인용　　　　　☐ 비교　　　　　☐ 분류

03 글쓴이의 주장을 찾아 써 보십시오.

_____

04 글쓴이의 주장을 뒷받침하는 근거를 정리해 봅시다.

　• _____

　• _____

3 다음 글을 읽고 질문에 답하십시오.

가　사전적인 정의에 의하면 가스라이팅(gas-lighting)은 다른 사람을 정신적으로 지배하거나 통제하는 것을 의미하는데 이는 일종의 심리적인 학대 행위라고 한다. 가족, 친구, 연인이나 부부와 같은 친밀한 관계에서 많이 발생하는데 대부분의 피해자들은 자신이 가스라이팅을 당하는지 모르는 경우도 많다. 따라서 가스라이팅을 당하지 않으려면 다음의 방법을 따르는 것이 좋다.

나　첫째, 가스라이팅을 예방하려면 자기 자신을 믿어야 한다. 피해자는 주로 자존감이 낮고 잘못을 자신의 탓으로 돌리는 가해자의 인식에 동조하거나 동의를 강요 받는 경우가 많다고 한다. 어떤 문제가 생겼을 때 지나치게 잘못을 강요 받는다면 이를 그대로 받아들이지 말고 가스라이팅이 아닌지 의심해야 한다.

다　둘째, 자신이 처한 상황을 객관적으로 파악해야 한다. 피해자는 이미 심리적인 학대 상황에 익숙해져서 스스로 가스라이팅을 당하는지 모르는 경우가 많다. 부모와 자녀, 부부, 혹은 연인이나 친구 사이에서 지속적으로 지나친 비난과 지시를 받거나 복종을 요구 받는다면 가스라이팅을 당하고 있을 가능성이 높다.

라　셋째, 상대방을 존중하지 않고 무시하는 태도를 가진다. 상대방의 작은 실수나 잘못을 과장해서 비난하거나 자신의 의도대로 통제하려고 하려고 한다. 이러한 특징을 가진 사람들은 친밀한 관계에서 상대방을 조종해서 심리적으로 지배하며 만족감을 느끼기 때문이다.

마　넷째, 다양한 사람들과 만나는 것이 필요하다. 피해자는 수차례 가스라이팅 상황에 노출되어 왔기 때문에 가스라이팅을 당하는지 모르는 경우가 많다. 따라서 많은 사람들과 인간관계에서 느끼는 어려움 등에 대해 자주 대화를 나누는 것이 좋다. 다른 사람들이 피해자의 상황을 객관적으로 볼 수 있다.

바　가스라이팅은 친밀한 관계에서 많이 발생하고 피해자가 스스로 인지하기 어렵다는 점에서 피해 상황이 악화되기 쉽다. 따라서 가스라이팅의 피해자가 되지 않도록 스스로를 돌아보는 것은 물론이고 건강한 인간관계를 유지하려는 노력도 필요하다.

01 글쓴이가 독자에게 말하고자 하는 것은 무엇입니까?

02 글쓴이의 주장을 뒷받침하는 근거로 타당하지 않은 단락을 골라서 기호를 쓰고 그 이유를 말해 보십시오.

03 글쓴이의 주장에 대한 근거를 정리해 봅시다.

주장에 대한 근거
•
•
•

Memo

다음 글을 읽고 질문에 답하십시오.

① 인터넷 기술의 발달로 온라인 쇼핑 시장이 급속도로 성장하면서 택배 물량도 함께 급증했다. ② 이 외에도 업체들 간의 경쟁도 갈수록 치열해져서 최근에는 당일 배송 또는 새벽 배송과 같은 서비스가 속속 도입됨에 따라 택배 물량은 앞으로도 지속적으로 증가할 전망이다. ③ 그러나 택배 물량의 증가는 택배 노동자의 과도한 업무로 이어지는 문제를 발생시켰다. ④ 우선 택배 업계와 택배 노동자 사이의 부당한 근로 계약 조건이 문제의 가장 큰 원인으로 꼽힌다. ⑤ 택배 업계는 배송료 일부를 택배 노동자에게 지급하지만 배송 물품을 분류하는 것에 대해서는 따로 임금을 지급하지 않는다. ⑥ 물품을 분류하는 기준은 배송 지역과 물품의 크기, 보관 방법에 따라 다르지만 최근에는 기술의 발달로 이러한 작업의 대부분이 자동화가 가능하다. ⑦ 배송해야 할 택배 물품을 분류하는 작업까지 근무 시간에 포함되지만 이에 대한 임금을 받지 못하고 있는 것이다. ⑧ 다음으로 택배 업계가 필요한 인력을 충원하지 않는 것도 택배 노동자의 부담을 가중시키는 원인이 된다. ⑨ 물품을 배송해야 배송 수수료를 받기 때문에 택배 노동자들은 울며 겨자 먹기 식으로 물품을 분류할 수밖에 없다. ⑩ 택배 물품을 배송하는 일 이외에도 물품을 분류하는 작업까지 떠안게 되면서 과로사로 숨지는 노동자가 잇따르고 있는 것이다. ⑪ 이러한 문제를 해결할 수 있도록 업체에서는 법정 작업 시간을 준수하고 필요한 인원을 더 채용해야 할 것이다.

01 글쓴이의 주장이 잘 나타난 문장의 번호를 쓰십시오.

_____

02 이 글에서 주장하는 내용과 관련이 없는 문장을 찾아 그 번호를 쓰십시오.

_____

03 글쓴이가 문제의 원인이라고 생각한 내용을 찾아서 정리해 봅시다.

문제의 원인
•
•

다음 글을 읽고 질문에 답하십시오.

　　디지털 헬스케어(Digital Healthcare)란 빅데이터 및 인공지능 기술의 발달로 의료 및 건강 관리 업종이 디지털 환경으로 전환되는 것을 의미하며 현재 미국과 유럽 등에서 실시되고 있다. 한국은 정확한 진료가 어렵고 그로 인해 진단 오류가 발생할 수 있다는 우려로 원격 진료 및 약 처방과 같은 전문적인 분야는 아직 도입하지 않았다. 그러나 한국도 디지털 헬스케어를 서둘러 도입해야 한다는 목소리가 점점 커지고 있다.

　　고혈압, 당뇨와 같은 만성 질환은 평소의 생활 습관이 중요한데 바쁜 일상을 사는 현대인들은 정기적으로 병원을 방문하여 자신의 건강 상태를 확인하기 힘들다. 그래서 디지털 헬스케어를 도입하면 집에서도 꾸준히 건강을 관리할 수 있기 때문에 질병의 예방과 치료에 도움이 된다.

　　또한 디지털 헬스케어를 통해 지역 간의 거리를 극복할 수 있다. 예를 들어 교통이 불편한 섬이나 의료 기관의 수가 적은 시골에서도 인터넷이 연결된다면 어디서든 우수한 의료진의 관리를 받을 수 있다. 질병을 진단하고 우리 몸의 상태를 정확히 파악하려면 환자의 몸을 직접 관찰하는 것이 중요하지만 화면으로 그것을 다 표현하기도 힘들고, 환자가 스스로 자신의 상태를 구체적으로 설명하는 것도 어렵다.

　　이처럼 디지털 헬스케어가 실시되면 비대면 방식으로 환자가 자신의 건강 상태를 쉽게 확인할 수 있고, 필요한 경우 어디서든 진료를 받을 수 있다. 그러므로 한국도 디지털 헬스케어의 도입 시기를 앞당겨야 할 것이다.

01 위 글에 나타난 글쓴이의 주장을 찾아서 쓰십시오.

_____

02 위 글에서 글쓴이의 주장과 관련이 없는 문장에 밑줄을 긋고, 그 이유도 설명해 보십시오.

_____

03 글쓴이의 주장에 대한 근거를 정리해 봅시다.

주장에 대한 근거

논증의 글에서는 주장을 나타내는 표현과 근거를 제시할 때 자주 사용되는 표현들이 있습니다. 이러한 표현을 알아두면 글의 구조를 파악하는 데 도움이 됩니다. 글쓴이의 주장은 보통 주제와 관련이 있으므로 주제문에 나타나는 것이 일반적입니다. 또한 주장과 근거는 논리적으로 연결되어 있으므로 주장하는 문장 전후에 사용되는 접속부사(그러나, 그러므로, 따라서 등)에 주의를 기울이는 것이 좋습니다.

주장을 나타내는 표현

- –아/어야 한다
- –다고 생각한다
- –아/어야 할 것이다
- –는 것에 찬성한다/ 반대한다/ 동의한다
- –는 것이 필요하다/ 요구된다

근거를 제시할 때 자주 사용하는 표현

- **예시 :** 예컨대, 예를 들어, 일례로, 예를 들면, –을/를 예로 들 수 있다, –이/가 대표적이다
- **인용, 자료 제시 :** –에 의하면, –에 따르면 ~ 다고/라고 한다
- **나열 :** 첫째, 둘째, 셋째… 우선, 먼저, 마지막으로, 끝으로
- **인과 :** 그 이유는 –기 때문이다, –이/가 원인으로 꼽힌다

---

6   1번 ~ 5번 글에서 근거를 제시하는 방법과 표현을 찾아봅시다.

글 번호	근거 제시 방법	사용된 표현
1번		
2번		
3번		
4번		
5번		

7 다음 글을 읽고 질문에 답하십시오.

연도별 청년실업률 추이(15~29세 기준)

가 최근 한국 사회에서는 정년 연장에 대한 논의가 활발하다. 저출산, 고령화로 인한 노동력 감소와 노년층의 수입 감소로 노인 빈곤이 사회적인 문제로 떠오르고 있기 때문이다. 정년을 연장하면 노동력 감소 및 노인 빈곤과 같은 문제들이 해결될 수 있지만 현재 60세인 정년을 65세로 연장하자는 근로자의 주장에 대해 회사와 젊은 세대들은 난색을 표하고 있다. 과연 정년 연장이 올바른 해법인지 신중하게 접근할 필요가 있다.

나 먼저 정년 연장에 대한 사회적 합의가 아직 이루어지지 않았다. 정년 연장으로 인해 혜택을 보는 기성세대의 목소리에만 귀를 기울여서는 안 된다. 회사에서 필요로 하는 인력은 한정되어 있기 때문에 소수의 인원만 직원으로 채용한다. 정년이 현재보다 5년 늘어나면 젊은 세대는 제때 취업하기 어렵거나 소수의 자리를 놓고 이들끼리 치열한 경쟁을 벌여야 한다. 젊은 세대들의 취업난은 어제 오늘의 일이 아니다. 그런데 여기에 정년 연장까지 이루어진다면 이들의 반발은 더욱 거세어질 것이며 자칫 심각한 세대 갈등이 생길 수도 있다.

다 다음으로 정년 연장은 회사의 재정적인 부담으로 작용한다. 특히 규모가 작은 회사일수록 정년 연장으로 인한 타격이 크다. 한국은 근무한 기간에 비례해서 임금이 오르는 구조를 선택하고 있는 회사가 많다. 정년을 연장하는 것은 근무 기간이 늘어나는 것이므로 회사의 전체 자금에서 인건비의 비율이 높아지는 것을 의미한다. 한국경제연구원이 2017년에 실시한 조사에 의하면 근무 기간이 1년 미만인 신입 직원과 30년 간 근무한 직원과의 임금 격차는 약 3배라고 한다. 정년이 연장되면 그만큼 인건비도 증가하기 때문에 회사 입장에서는 부담이 클 수밖에 없다.

라 끝으로 최근 변화하는 산업구조에서 정년 연장의 필요성을 다시 검토해야 한다. 우리 사회는 4차 산업으로 가는 길목에 서 있다. 기술 및 인공지능(AI)의 발달로 점차 사람의 손길을 필요로 하는 직업들이 사라지는 추세다. 예를 들어 커피 전문점 또는 식당에서 흔히 볼 수 있는 키오스크(kiosk)는 주문을 받는 직원을 빠른 속도로 대체하고 있으며, 궁금한 내용에 답변을 해 주던 은행의 상담 직원은 챗봇(chatbot)이라는 인공지능 프로그램으로 바뀌고 있다. 이 같은 사회적 변화에서 근로자 수의 감소는 필연적으로 일어날 수밖에 없다. 따라서 정년을 연장하는 것이 사회적인 흐름에 맞는 것인지 살펴봐야 한다.

마   정년 연장에 대한 사회적인 합의가 이루어지지 않으면 우리 사회는 세대 간의 갈등으로 분열되기 쉬우며, 이러한 상태에서는 사회의 발전도 어렵다. 고령화 사회에서 노인의 일자리 창출은 필요하지만 정년 연장만이 그 해답이라고 보기는 어렵다. 젊은 세대의 취업 기회 확대, 기업들의 재정적 부담에 대한 대책을 고려하지 않는다면 정년 연장은 더 큰 사회적 갈등을 불러올 것이다. 그러므로 현재 한국의 상황에서 정년을 연장하는 것은 시급한 일이 아니다.

01 이 글에 나타난 글쓴이의 주장이 잘 나타난 단락은 무엇입니까?

_____

02 이 글에서 근거를 제시할 때 사용한 방법을 모두 찾아봅시다.

☐ 예시   ☐ 인용   ☐ 인과   ☐ 분류

03 글쓴이의 주장에 대한 근거를 정리해 봅시다.

주장에 대한 근거
•
•
•

04 위 글의 제목을 만들어 봅시다.

_____

05 위 글에 나타난 글쓴이의 주장에 대한 여러분의 생각을 말해 봅시다. 근거를 보충해서 글쓴이의 주장에 찬성하거나, 글쓴이의 주장에 반대해 봅시다.

정년 연장에 대한 나의 생각		
선택 (✔표시)	☐ 찬성	☐ 반대
근거	·	
	·	
	·	

정리해 봅시다

· 논증하는 글에서 주장과 근거를 찾을 수 있습니까?

· 제시된 근거가 객관적이고 타당한지 판단할 수 있습니까?

Memo

들어가기

폭염	
홍수	
가뭄	
몸살을 앓다	
탄소	
배출	
자연 재해	
고스란히	
떠안다	

	재배	
	곰팡이	
	품종	
	수확	
2	함유하다	
	배열	
	질환	
	효용성	
	외면하다	
	유익하다	

주장과 근거 찾기

	성향	
	만만하다	
	학업	
	설계하다	
	유흥	
	경제관념	
1	부당하다	
	대우	
	구두	
	부합되다	
	근로계약서	
	정당하다	
	변형	
	유전자	
	조작	
	섭취하다	
2	회피	
	득	
	실	
	직면하다	
	병충해	

적절하고 타당한 근거 찾기

	지배하다	
	통제하다	
	학대	
	자존감	
	가해자	
	인식	
3	동조하다	
	강요	
	파악하다	
	비난	
	복종	
	통제하다	
	조종하다	
	악화되다	
	급속도	
	물량	
4	급증하다	
	치열하다	
	당일	
	속속	
	도입되다	

4	노동자		기성세대
	부당하다		한정되다
	임금		반발
	인력		거세다
	충원하다		자칫
	가중시키다		재정
	울며 겨자 먹기		타격
	과로사		인건비
	숨지다		격차
	잇따르다		추세
	준수하다		키오스크
	채용하다		대체하다
5	업종		필연적
	빅데이터		분열되다
	인공지능		창출
	전환되다		
	확산되다		
	진단		
	오류		
	도입		
	원격		
	정기적		
	앞당기다		

더 알아보기

정년	
연장	
노년층	
빈곤	
난색	
표하다	
신중하다	
접근하다	
합의	
혜택	

II부

사고력
향상을 위한
심화편

6

설명문

[💬] 새로운 전자제품을 샀을 때 사용 방법을 모른다면 여러분은 어떻게 합니까?

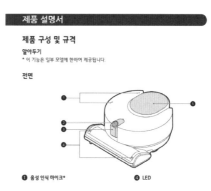

제품 설명서

제품 구성 및 규격

알아두기
* 이 기능은 일부 모델에 한하여 제공됩니다.

전면

❶ 음성 인식 마이크*   ❹ LED

[💬] 다음 글을 읽고 질문에 답하십시오.

① 소셜 네트워크 서비스(Social Network Service)는 웹을 기반으로 관계를 맺어가는 서비스를 뜻한다. ② 줄여서 'SNS'라고도 부르는데 세계적으로 사용되는 페이스북(facebook), 인스타그램(instargram), 트위터(twitter)를 비롯해 한국의 카카오톡(kakaotalk)이나 중국의 웨이보(weibo)와 같이 지역이나 나라에 따라 특화된 서비스도 존재한다. ③ 면대면으로만 관계를 만들던 옛날과는 달리 시간과 공간을 극복하여 다양한 관계를 맺을 수 있다는 것은 가슴 설레는 일이다. ④ 스마트폰이 일반화되면서 SNS 사용자는 급격하게 증가하였으며, 이를 통해 각종 정보를 공유할 뿐만 아니라 새로운 비즈니스 모델을 만들어 내고 있다. ⑤ 물론 SNS를 악용한 신종 범죄가 생기기도 했지만 앞으로 SNS가 인류의 생활을 어떻게 변화시킬지 자못 기대가 된다.

01 '무엇'에 대해 설명하고 있습니까?

_____

02 '사실'인 부분과 '의견'인 부분을 구별하여 문장의 번호를 쓰십시오.

* 사실 : _____

* 의견 : _____

[💬] 설명문의 특징을 정리해 보고 밑줄에 알맞은 내용을 써 봅시다.

설명문이란 글쓴이의 의견이나 생각보다는 객관적인 _____ 을/를 바탕으로 독자가 쉽게 _____ 할 수 있도록 쓴 글이다.

💬 물건의 가격은 어떻게 정해질까요?

여러분이 가지고 있는 물건의 적당한 가격에 대해 이야기해 봅시다.

💬 다음 글을 읽고 질문에 답하십시오.

'적당히 비싼' 가격의 비밀

가   물건을 생산하는 비용은 크게 가변비용과 고정비용으로 나뉜다. 가변비용은 물건 생산량에 비례해서 증가하는 성격의 비용이다. 커피 생산을 더 늘리려면 원두가 많이 필요해지므로 원두 구입비가 가변비용에 해당한다. 이 외에도 커피에 들어가는 물, 원두를 갈 때 소요되는 전기 요금 등이 가변비용에 포함된다.

나   이에 비해 생산량과 관계없이 일정하게 들어가는 고정비용도 있다. 카페에서 일하는 종업원 임금과 카페 임대료는 하루에 커피를 얼마나 만들어 파는지에 관계없이 고정적으로 지출해야 하는 비용이다. 연구 개발비나 광고비 등도 이에 해당한다. 고정비용이라고 해서 시간이 흘러도 변하지 않는 것은 아니다. 여기에서의 고정은 생산량과 관계없이 일정하다는 뜻이다. 시간이 흐르면 종업원 임금이나 임대료도 인상될 수 있으므로 고정비용도 증가한다.

다   커피 한 잔의 생산비 중에 가변비용의 비중은 매우 작다. 커피 한 잔에 필요한 원두 10그램의 구입 원가는 100원을 조금 웃돌며 종이컵, 시럽, 우유 등까지 합쳐도 가변비용의 비중은 그리 크지 않다. 이는 커피 한 잔의 원가에서 인건비, 임대료, 광고비 등의 고정비용이 대부분을 차지하고 있음을 의미한다. 인건비와 임대료가 비쌀수록 고정비용의 비중은 더 높아진다.

라　이제 카페의 가격 설정에 숨은 전략을 알아보자. 카페가 작은 잔 대신에 큰 잔을 제공하면 추가로 한계비용이 들며 동시에 한계수입도 얻는다. 작은 잔을 만들든 큰 잔을 만들든 바리스타의 인건비와 매장 임대료는 고정비용으로서 변함이 없다. 카페 광고비도 전혀 영향을 받지 않는다. 이에 비해 작은 잔 대신에 큰 잔을 팔 경우 한계수입이 한계비용보다 크므로 카페의 입장에서는 큰 잔으로 팔 때 이윤이 증가한다. 큰 잔일수록 이윤이 더 많이 발생하므로 카페는 고객들에게 큰 사이즈의 커피를 사도록 유도해야 한다. 가격 차이가 단 1,000원에 불과한 것은 이 때문이다. 만약 2,000원으로 확대하면 카페가 더 많은 이윤을 얻을 수 있을까? 그러나 2,000원이라는 가격 차이는 고객에게 부담을 주어서 큰 잔의 커피를 사려는 동기를 꺾어 버릴 우려가 있다. 고객이 별 부담 없이 큰 잔을 선택하도록 유도하려면 무리하게 욕심을 부려서는 안 되며 가격이 '적당히 비싸야' 한다.

마　가장 기본적으로 판매되는 커피에 비해서 카페라테, 캐러멜마키아토 등의 선택 메뉴로 갈수록 가격이 500원 정도씩 비싸지는 것도 마찬가지 원리로 이해할 수 있다. 한계비용에 비해 500원의 한계수입이 더 크므로 카페는 이런 커피를 팔수록 이윤을 높일 수 있으며, 가격을 '적당히 비싸게' 설정해 고객이 부담 없이 선택하도록 유도하는 것이다.

한진수(2015). 경제학이 필요한 시간: 세상의 꿰뚫는 단 하나의 실전 교양. 비즈니스북스 108~110쪽.

01 글쓴이가 이 글을 쓴 목적으로 알맞은 것을 고르십시오.

① 커피 가격이 비싼 현실을 비판하려고 한다.

② 양에 따른 커피 가격의 차이를 분석하려고 한다.

③ 비싼 커피가 잘 팔리는 이유를 설명하려고 한다.

④ 커피의 가격을 결정하는 방법을 설명하려고 한다.

02 각 단락의 중심 내용을 찾아 연결하십시오.

가 ·   · 커피의 가격 설정 전략

나 ·   · 카페의 가변비용

다 ·   · 가격 설정 전략을 사용하는 이유

라 ·   · 카페의 고정비용

마 ·   · 커피 한 잔의 가변비용과 고정비용

03 이 글의 흐름을 고려할 때, '가 ~ 마'의 구조로 가장 적절한 것을 고르십시오.

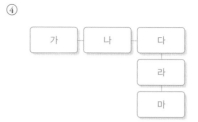

04 이 글을 읽고 알 수 있는 내용으로 적절한 것을 고르십시오.

① 고정비용은 항상 일정해서 변하지 않는다.

② 양이 많은 커피를 팔면 고정비용이 증가한다.

③ 물건의 생산량이 늘어나면 가변비용도 증가한다.

④ 커피의 가격 차이가 크지 않아서 고객이 선택하기 어렵다.

05 아래의 표는 한 달간 카페에서 지출한 내역입니다. 각 지출 내용이 가변비용에 해당하면 '가변', 고정비용에 해당하면 '고정'으로 쓰십시오.

날짜	내용	금액	비용 구분
2021-03-02	인건비	2,547,500	
2021-03-03	전기 요금	358,960	
2021-03-12	원두 구입	127,350	
2021-03-15	임대료	1,700,000	
2021-03-17	우유 1상자	50,000	
2021-03-19	일회용 컵	30,000	
2021-03-23	배달앱 광고비	25,000	
2021-03-25	수도 요금	48,950	

PART / I   읽고 나서

💬 양에 따라 가격 차이가 있는 제품이나 서비스의 사례를 찾고 그 내용을 발표해 봅시다.

브랜드(brand) 또는 상호명			
제품이나 서비스 종류	1.	2.	3.
가격			
차이점			
판매량			
가격 정책에 대한 나의 의견			

💬 인터넷을 사용하다가 내가 한두 번 들어가 보았던 쇼핑몰의 상품이 포털사이트 광고에 떠서 신기하다고 생각한 적이 있습니까? 또는 SNS에서 '좋아요'를 눌렀던 제품이나 브랜드가 계속 검색되는 경험을 한 적이 있습니까? 어떻게 이런 일이 가능할까요?

💬 여러분은 '빅데이터(Big Data)' 또는 '데이터 마이닝(Data Mining)'이라는 말을 들어본 적이 있습니까?

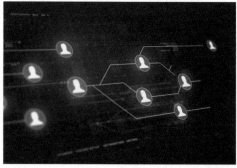

가　빅데이터란 디지털 환경에서 생성되는 데이터로 그 규모가 방대하고, 생성 주기도 짧고, 수치 데이터뿐 아니라 문자와 영상 데이터를 포함하는 대규모 데이터를 말한다. 빅데이터 환경은 과거에 비해 데이터의 양이 폭증했고, 데이터의 종류도 다양해져 사람들의 행동은 물론 위치 정보와 SNS를 통해 생각과 의견까지 분석하고 예측할 수 있다.

나　PC와 인터넷, 모바일 기기 이용이 생활화되면서 사람들이 도처에 남긴 발자국(데이터)은 기하급수적으로 증가하고 있다. 쇼핑의 예를 들어 보자. 데이터의 관점에서 보면 과거에는 상점에서 물건을 살 때만 데이터가 기록되었다. 반면 인터넷 쇼핑몰의 경우에는 구매를 하지 않더라도 방문자가 돌아다닌 기록이 자동적으로 데이터로 저장된다. 어떤 상품에 관심이 있는지, 얼마 동안 쇼핑몰에 머물렀는지를 알 수 있다. 쇼핑뿐 아니라 은행, 증권과 같은 금융거래, 교육과 학습, 여가 활동, 자료 검색과 이메일 등 하루 대부분의 시간을 PC와 인터넷에 할애한다. 사람과 기계, 기계와 기계가 서로 정보를 주고받는 사물지능통신(M2M, Machine to Machine)의 확산도 디지털 정보가 폭발적으로 증가하게 되는 이유다.

다　사용자가 직접 제작하는 UCC를 비롯한 동영상 콘텐츠, 휴대전화와 SNS에서 생성되는 문자 등은 데이터의 증가 속도뿐 아니라 형태와 질에서도 기존과 다른 양상을 보이고 있다. 특히 블로그나 SNS에서 유통되는 텍스트 정보는 내용을 통해 글을 쓴 사람의 성향뿐 아니라 소통하는 상대방의 연결 관계까지도 분석이 가능하다. 게다가 사진이나 동영상 콘텐츠를 PC를 통해 이용하는 것은 이미 일반화되었고 방송 프로그램도 TV 수상기를 통하지 않고 PC나 스마트폰으로 보는 세상이다. 주요 도로와 공공건물은 물론 심지어 아파트 엘리베이터 안에까지 설치된 CCTV가 촬영하고 있는 영상 정보의 양도 상상을 초월할 정도로 엄청나다. 그야말로 일상생활의 행동 하나하나가 빠짐없이 데이터로 저장되고 있는 셈이다.

라　이처럼 다양하고 방대한 규모의 데이터는 미래 경쟁력의 우위를 좌우하는 중요한 자원으로 활용될 수 있다는 점에서 주목 받고 있다. 대규모 데이터를 분석해서 의미 있는 정보를 찾아내는 시도는 예전에도 존재했다. 그러나 현재의 빅데이터 환경은 과거와 비교해 데이터의 양은 물론 질과 다양성 측면에서 패러다임의 전환을 의미한다. 이런 관점에서 빅데이터는 산업혁명 시기의 석탄처럼 IT와 스마트 혁명 시기에 혁신과 경쟁력 강화, 생산성 향상을 위한 중요한 원천으로 간주되고 있다.

마 데이터 마이닝이란 방대한 양의 데이터로부터 유용한 정보를 추출하는 것을 말한다. 데이터 마이닝은 기업 활동 과정에서 축적된 대량의 데이터를 분석해 경영 활동에 필요한 다양한 의사결정에 활용하기 위해 사용된다. 데이터 분석을 지하에 묻힌 광물을 찾아낸다는 뜻을 지닌 마이닝(mining)이란 용어로 부르게 된 것은 데이터에서 정보를 추출하는 과정이 탄광에서 석탄을 캐거나 대륙붕에서 원유를 채굴하는 작업처럼 숨겨진 가치를 찾아낸다는 특징을 가졌기 때문이다.

바 데이터의 형태와 범위가 다양해지고 그 규모가 방대해지는 빅데이터의 등장으로 데이터 마이닝의 중요성은 부각되고 있다. 특히 웹에서 엄청나게 빠른 속도로 생성되는 웹페이지(web page) 콘텐츠와 웹 로그(web log), SNS의 텍스트 정보와 영상과 같은 비정형 데이터(unstructured data)를 분석하기 위한 다양한 방법론이 등장해 데이터 마이닝의 포괄 범위는 확장되고 있다.

사 데이터 마이닝은 다양한 분야에서 활용된다. 천체 관측 사진에서 행성과 성운을 식별하는 패턴 인식(pattern recognition) 기법은 방위산업과 의료 진단 분야에서 활용되고 있다. 데이터 마이닝 활용이 가장 활발한 곳은 기업이다. 널리 알려진 사례로는 장바구니 분석(Market Basket Analysis)이 있다. 할인점의 구매 데이터를 분석한 결과 아기용 기저귀와 맥주가 함께 팔리고 있다는 사실을 발견해 할인 행사나 매장의 상품 배치를 활용한 사례다.

아 반도체나 자동차, 소비재 등 제조업에서는 생산 공정 단계에서 발생하는 데이터를 분석해 불량품이 발생하는 원인을 규명하고 예방하는 품질관리(Quality Control)에 활용한다. 금융 분야에서는 고객의 신용 등급에 따라 대출 규모와 이자 등을 결정하는 신용점수(Credit Score) 산정에 데이터 마이닝이 활용된다. 특이한 거래 행위에서 부정행위를 적발하는 분야에도 활용된다. 잃어버린 신용카드의 부정 이용, 보험회사의 허위·과다 청구를 예방하기 위해 사용될 뿐 아니라 국민연금이나 의료보험의 부당 청구와 같은 영역에도 활용되고 있다.

자 데이터 마이닝은 고객관계관리(CRM, Customer Relationship Management) 개념과 밀접한 관련을 맺고 있다. 고객관계관리는 기업이 소비자에게 상품과 서비스를 판매하는 과정에서 발생한 데이터가 중요한 정보로 활용될 수 있다는 생각이 확산되면서 등장한다. 고객관계관리는 기존의 데이터베이스 마케팅(Database Marketing) 개념에서 한 걸음 더 나아가 생산자 중심의 기업 활동을 소비자 중심으로 바꾸는 패러다임의 전환을 의미한다.

정용찬(2013), 빅데이터(커뮤니케이션 이해 총서), 커뮤니케이션 북스

01 이 글에서 설명하고자 하는 핵심어는 무엇입니까?

_____, _____

02 이 글의 내용을 크게 두 부분으로 나누고, 왜 그렇게 나누었는지 말해 보십시오.

1) 가 ~ _____

2) _____ ~ 자

03 각 단락의 중심 내용을 파악하여 연결하십시오.

가 ·	· 빅데이터의 등장 배경
나 ·	· 빅데이터의 사회·경제적 의미
다 ·	· 빅데이터의 다양성과 규모
라 ·	· 빅데이터의 정의

마 ·	· 데이터 마이닝의 정의와 의미
바 ·	· 데이터 마이닝의 활용 2
사 ·	· 데이터 마이닝의 활용 1
아 ·	· 데이터 마이닝과 고객관계관리
자 ·	· 데이터 마이닝 분야의 확장

04 다음 중 빅데이터의 자료라고 볼 수 없는 것은 무엇입니까?

① 신용카드로 구매한 옷과 신발

② 컴퓨터에서 검색한 인기 여행지

③ 내 수첩에 적어 둔 올해의 목표

④ 카카오톡으로 친구에게 보낸 사진

05 다음 중 데이터 마이닝과 관련 없는 것은 무엇입니까?

① 사물지능통신   ② 장바구니 분석

③ 제품의 품질 관리   ④ 대출 고객의 신용도

06 이 글의 내용과 거리가 먼 것을 고르십시오.

① 인터넷과 모바일 기기의 등장이 빅데이터가 출현하게 된 배경이다.

② 데이터를 모아서 분석하려는 시도는 빅테이터가 등장하면서 시작되었다.

③ 데이터 마이닝은 특히 경제 및 경영 관리 부문에서 활발하게 활용되고 있다.

④ 앞으로도 빅데이터와 데이터 마이닝을 활용하는 기술과 응용 분야는 확대될 것이다.

PART / Ⅱ 읽고 나서

💬 오늘 여러분이 보낸 하루를 돌아보고, 동선에 따라 어떤 것이 빅데이터로 수집이 됐을지 이야기해 봅시다.

Memo

PART I

비례하다	
소요되다	
생산량	
일정하다	
임금	
임대료	
인상되다	
원가	
웃돌다	
설정	
이윤	
유도하다	

PART II

데이터(data)	
방대하다	
생성	
주기	
도처	
기하급수적	
할애하다	
수상기	
우위	
좌우하다	
패러다임	
전환	
석탄	
혁신	
원천	
간주되다	
추출하다	
축적	

탄광	
광물	
대륙붕	
원유	
채굴하다	
부각되다	
비정형	
포괄	
천체	
관측	
행성	
성운	
식별하다	
방위산업	
배치	
(생산) 공정	
금융	
신용	
산정하다	
거래	
부정행위	
적발하다	
허위	
부정	
청구	
부당하다	

7

기사

💬 신문, TV, 인터넷 등에서 다양한 기사를 볼 수 있습니다. 기사의 특징이라고 생각하는 것에 표시해 보십시오.

☐ 사실   ☐ 객관성   ☐ 공정성   ☐ 설득

☐ 의견   ☐ 주관성   ☐ 신속성   ☐ 감상

💬 여러분은 신문 기사를 자주 봅니까? 보고 싶은 내용의 기사는 어떻게 찾습니까?
기사의 주제가 분류된 다양한 방식을 살펴봅시다.

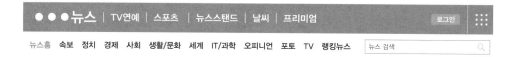

기사는 주제에 따라. 사회, 경제, 정치, 문화, 국제, 스포츠, 날씨 등으로 분류됩니다. 신문에서는 이러한 주제가 지면(section)별로 게재되고 인터넷에서는 범주화(categorization)되어서 나타납니다. 기사가 신문의 어느 면에 실려 있는지를 알면 글의 주제를 미리 예상할 수 있어서 기사의 내용을 잘 이해할 수 있습니다. 또한 기사의 제목은 글 전체의 내용을 매우 짧게 요약하고 있기 때문에 기사의 제목을 먼저 읽고 내용을 예상해 보는 것도 기사를 쉽게 이해하는 데에 도움이 됩니다.

💬 다음 기사의 제목에 알맞은 신문의 면을 연결하십시오.

① 월드컵 예선전, 내달 23일부터 시작   ·   ·   경제면

② EBS국제다큐영화제(EIDF), 29일 개막   ·   ·   날씨면

③ 가나제약, 새로운 치료제 개발로 주가 폭등   ·   ·   사회면

④ 음주 운전 후 도주한 운전자, 추격 끝에 검거   ·   ·   문화면

⑤ 대통령 선거 100일 앞두고 선거법 위반 논란   ·   ·   정치면

⑥ 30년 만의 무더위, 20일째 열대야 이어져   ·   ·   스포츠면

💬 다음 제목을 읽고 기사 내용을 추측해 말해 보십시오.

"퇴근길 시민들 폭설로 큰 불편 겪어"

💬 다음 글을 읽고 질문에 답하십시오.

(   )

  부산의 한 식당에서 선물로 받은 복권이 당첨되어 당첨금 일부를 식당 주인에게 나눠 준 손님이 화제가 되고 있다. 식당 주인은 개업 선물로 손님들에게 복권을 한 장씩 선물했다. 이 손님들 중 한 사람이었던 김철수 씨는 복권에 당첨되어 3천만 원을 받게 되었고, 지난달 5일 당첨금의 10%에 해당하는 3백만 원을 식당 주인에게 나눠 주었다. 그는 식당 주인이 자신에게 행운을 선물했기 때문에 당첨금의 일부를 나누고 싶었다는 메모와 함께 돈을 전했다고 한다.

01 기사의 내용을 아래의 표에 정리해 보십시오.

누가	김철수 씨가
어디에서	
언제	
왜	
무엇을	
어떻게	

_____

📃 기사의 특징을 정리해 보고 밑줄에 알맞은 내용을 써 봅시다.

> 기사는 글쓴이의 주관적인 생각이나 감정이 아니라 객관적인 _____ (이)나
> _____ 을/를 _____ 하는 것이 목적이다. 일반적으로 기사는 육하원칙(누가, 어디에
> 서, 언제, 왜, 무엇을, 어떻게)에 따라 작성된다.

1 다음 글을 읽고 질문에 답하십시오.

대다수 물티슈 원재료 플라스틱, 소비자 65% 몰라

소비자의 90% 이상이 매일 청소나 위생 목적으로 일회용 물티슈를 사용하지만 대부분의 물티슈 원재료가 플라스틱류라는 사실을 인지하는 소비자는 많지 않은 것으로 나타났다.

소비자단체인 소비자시민모임은 지난달 10~15일 20대 이상 소비자 636명을 대상으로 물티슈 사용량을 조사한 결과 하루 1~2장을 쓴다는 응답이 58.8%로 가장 많았다고 6일 밝혔다. 이어 하루 기준 3~5장(17.1%), 5~10장(10.4%), 10장 이상(4.3%) 순이었다. 물티슈를 거의 안 쓴다는 응답은 9.4%에 불과했다. 물티슈 용도로는 식탁이나 탁자 등을 닦는 행주 대용(39.8%), 바닥 등을 닦는 걸레 대용(36.0%), 개인위생용(24.2%) 순이었다. 이처럼 물티슈를 일상에서 자주 사용하지만, 물티슈 원재료를 플라스틱류라고 제대로 지목한 소비자는 34.9%에 그쳤다. 43.4%는 펄프(종이), 21.7%는 섬유라고 답해 65.1%는 물티슈의 원재료를 모르는 것으로 나타났다.

시중에 유통되는 대다수 물티슈 제품은 플라스틱 계열인 폴리에스테르가 주성분이거나 폴리에스테르를 함유해 재활용이 불가능하다고 소비자시민모임은 설명했다. 소비자시민모임은 '소비자리포트' 6월호에 이 같은 설문조사를 공개하면서 "우리가 물티슈를 쉽게 쓰고 버리면 그만큼 생태계와 환경이 파괴되는 것"이라고 지적했다.

권혜진 기자, 연합뉴스, 2021-07-06

01 무엇에 대한 기사입니까? _____

02 기사의 내용을 아래의 표에 정리해 봅시다.

누가	
언제	
무엇을	
어떻게	

03 글쓴이가 이 기사를 쓴 목적은 무엇입니까?

① 사람들이 물티슈를 언제 사용하는지 알리기 위해

② 사람들에게 물티슈를 아끼는 방법을 소개하기 위해

③ 사람들에게 물티슈의 원재료가 무엇인지 알리기 위해

④ 사람들이 물티슈를 얼마나 많이 사용하는지 조사하기 위해

Memo

_____

_____

_____

_____

_____

노원구, 룸(room) 셰어링 프로그램 실시

  노원구는 대학생들의 주거 문제와 노인 복지 서비스 개선을 위해 주거 공간의 여유가 있는 어르신과 주거 공간이 필요한 대학생을 연결하는 '룸(room) 셰어링' 프로그램을 실시한다고 지난 21일 밝혔다. 노원구에서 밝힌 내용에 의하면 룸 셰어링 프로그램을 통해 어르신은 저렴하게 주거 공간을 제공하고 대학생은 어르신에게 소정의 임대료와 생활 서비스(봉사 활동)를 제공하게 된다. 주거 공간을 제공하는 어르신은 대학생에게 주변 임대료 시세의 50% 수준의 쾌적한 방을 제공하고, 대학생은 어르신께 말벗이 되어 드리기, 문단속, 시장 가기와 같은 가사 일과 못질, 전자 기기 작동 요령 안내 등의 생활 서비스(봉사 활동)를 제공하게 된다. 노원구청에서는 서로의 만족을 극대화하기 위해 입주 전 협약을 체결하거나 입주 후 서로의 입장을 조정하는 역할을 한다.

  룸 셰어링을 원하는 대학생과 어르신은 노원구의 발표 내용을 참고하여 접수 및 신청을 하면 된다. 대상자는 구청 담당자가 방문 및 인터뷰를 실시하여 선정하고, 협약이 체결되면 입주 공간을 깨끗이 정비한 후 입주가 이루어지게 된다.

01 무엇에 대한 기사입니까? _____

02 기사의 내용을 아래의 표에 정리해 봅시다.

누가	
언제	
왜	
무엇을	
어떻게	

03 룸 셰어링을 하는 대학생에 대한 내용으로 알맞지 않은 것을 고르십시오.

① 대학생들은 룸 셰어링을 하면 주거비를 아낄 수 있다.

② 어르신의 집안일에 도움을 주는 것도 협약에 포함된다.

③ 룸 셰어링을 신청한 후에 어르신과 인터뷰를 하게 된다.

④ 룸 셰어링 기간 동안 어르신께 생활 서비스를 제공해야 한다.

---

3 다음 글을 읽고 질문에 답하십시오.

가나기업 (   )

가나기업은 지난 3일 메타버스 플랫폼을 활용하여 채용 설명회를 개최했다. 지방이나 해외에 체류하는 구직자들을 위해 비대면으로 실시하였는데 새로운 방식의 채용 설명회에 대해 젊은 층을 중심으로 반응이 뜨거웠다. 이날 채용 설명회에는 500여 명 이상의 구직자가 몰려 최근 메타버스 플랫폼의 인기를 입증했다.

메타버스는 가상, 초월을 의미하는 메타(meta)와 현실 세계를 의미하는 유니버스(universe)의 합성어로 현실 세계와 같은 활동이 이루어지는 가상 세계를 뜻한다. 메타버스에서는 아바타를 활용하여 사회·경제·문화 활동이 현실 세계처럼 가능하다. 가나기업에서 메타버스로 실시한 채용 설명회는 참가자들 사이에서 실제 채용 설명회를 대체로 잘 구현했다는 평가를 받았다.

이번 채용 설명회는 실제 채용 설명회와 마찬가지로 가나기업에 대한 홍보 영상을 볼 수 있으며, 실제 회사 내부와 동일하게 만들어진 가상 공간이 마련되었다. 참가자들은 가상 공간에서 회사 내부를 체험해 볼 수 있고, 임직원과 일대일 혹은 그룹으로 상담을 받는 것도 가능했다. 참가자들은 대체로 가나기업의 채용 설명회에 매우 만족한다는 반응을 보였다. 참가자인 대학생 박 모 씨에 의하면 채용 설명회 참석을 위해 먼 거리를 이동할 필요가 없다는 것이 가장 좋았으며 채용 설명회 전반을 놓치지 않고 잘 볼 수 있어서 흥미로웠다고 한다.

가나기업에서는 이러한 참가자들의 반응을 참고하여 앞으로 채용 설명회는 물론, 실제 채용 및 회사 업무에서도 메타버스의 활용을 확대할 방침이라고 한다.

01 위의 기사는 신문의 어느 면에 실렸겠습니까? _____

02 기사의 내용을 아래의 표에 정리해 봅시다.

누가	
어디에서	
언제	
왜	
무엇을	
어떻게	

03 기사의 제목으로 알맞은 것은 무엇입니까?

① 일대일로 채용 상담 실시

② 회사 업무에 메타버스 활용

③ 메타버스 채용 설명회 인기

④ 채용에 구직자 500명 몰려

Memo

_____

_____

_____

다음 글을 읽고 질문에 답하십시오.

한국제과, 비용 절감으로 제품 가격 동결

한국제과는 지난주 전 품목의 가격을 동결하기로 결정했다. 최근 밀가루와 식용유, 계란 등의 원재료 값이 상승하여 제조원가가 동반 상승하는 추세다. 그러나 한국 제과에서는 원재료 이외의 비용을 절감하여 제품 가격을 동결하기로 해 소비자들의 호평을 받고 있다.

한국제과의 관계자에 의하면 비용을 절감한 가장 큰 품목은 바로 제품의 포장과 광고비다. 그간 제품을 보호한다는 이유로 이중 삼중으로 하던 포장을 간단하게 줄이고 포장재의 크기 및 색을 줄였다. 또한 유명인을 기용해서 제품을 홍보하던 방식을 바꿔 소비자들의 입소문을 활용하는 전략으로 바꾼 것도 비용 절감에 도움이 되었다고 한다. 이 외에도 데이터를 기반으로 한 재고 관리와 제품의 생산과 판매에 이르는 과정 중에서 비효율적인 단계를 큰 폭으로 정리한 것도 비용을 절감할 수 있는 요인이 되었다.

소비자들은 한국제과의 이런 결정을 매우 반기는 분위기다. 포장을 줄이게 되면서 쓰레기의 양이 주는 것은 환경에도 도움이 되고, 절감한 비용은 고스란히 제품에 투자가 되어 소비자에게 환원되기 때문이다. 한국제과는 앞으로도 기업의 이익이 소비자에게 환원될 수 있는 다양한 방법을 모색하여 제품 개발은 물론 기업 가치 향상에도 반영될 수 있도록 노력하겠다는 입장이다.

01 위의 기사는 신문의 어느 면에 실렸겠습니까? _____

02 기사의 내용을 아래의 표에 정리해 봅시다.

누가	
언제	
무엇을	
어떻게	

03 한국제과에서 제품 가격 동결을 위해 실시한 방법이 아닌 것을 고르십시오.

① 과대 포장을 줄였다.

② 유명인이 제품을 광고했다.

③ 재고 관리를 위해 데이터를 활용했다.

④ 생산과 판매 과정에서 불필요한 단계를 줄였다.

PART I 읽고 나서

💬 여러분 나라의 기사는 어떤 방법으로 게재됩니까?

나라별로 기사를 게재하는 방법에 차이가 있는지 친구들과 이야기해 봅시다.

Memo

💬 기사는 일반적으로 사실을 전달하는 것을 목적으로 합니다. 그러나 사회 현상에 대한 비판, 또는 그에 대한 의견 등을 신문에 싣기도 합니다. 이러한 내용을 신문에서는 '오피니언(opinion)' 또는 '칼럼(column)'이라고 부릅니다. 오피니언에 실린 기사와 일반적인 기사는 어떤 차이가 있을까요?

일반 기사의 제목	오피니언(칼럼)의 제목
• 계란이 집단 식중독의 원인으로 밝혀져 • 소비자 물가 작년에 비해 2% 증가 • 12호 태풍 장미 북상 중, 13일 상륙 예정	• 남북관계 개선, 모두의 노력이 있어야 • 무분별한 빅데이터 활용, 문제는 없는가? • 4차 산업혁명 시대, 무엇을 대비해야 할까?

💬 여러분은 캠핑을 한 적이 있습니까?

캠핑할 때 지켜야 할 것은 무엇인지 이야기해 봅시다.

몰려드는 차박족으로 공공 주차장은 몸살 중

경기도는 최근 계곡 인근에서 불법으로 캠핑을 하는 사람들로 인해 골머리를 앓고 있다. 이들은 계곡에 마련된 공공 주차장은 물론 인근 도로에 불법 주차를 한 후 차에서 취사 및 숙박을 하는 이른바 '차박(차에서 숙박)'을 하며 지역 주민들의 눈살을 찌푸리게 한다. 최근 젊은 사람들을 중심으로 캠핑이 하나의 유행으로 자리 잡으면서 캠핑장이 아닌 곳에서도 캠핑을 즐기는 사람이 빠르게 늘고 있다. 차박을 하는 사람들인 '차박족'의 일부는 공공 주차장에 장기간 주차하기 때문에 주차장을 이용하려는 시민들에게 큰 불편을 주고 있다.

공공 주차장은 유명한 관광지 인근에 마련되어 있는데 무료로 운영되고 있고 공용 화장실이 있어 관광지를 방문하는 사람들이 선호하는 곳이다. 지정된 캠핑장에서 자연을 훼손하지 않으며 캠핑을 즐기는 것이 당연하지만 차박족은 공공 주차장에서 캠핑을 즐기며 화장실에 생활 쓰레기 및 음식 쓰레기를 투기하고 심지어 수도와 전기도 무단으로 끌어 쓰기도 한다. 특히 바다, 산, 계곡 등에 위치한 공공 주차장에서는 아예 한 달 이상 주차를 해 놓고 캠핑을 즐기는 사람들도 있다.

각 지자체에서는 불법으로 주차장에서 캠핑을 하는 차박족을 단속하고 있으나 이들이 워낙 여기저기에 흩어져 있고 단속 인력이 부족하여 제대로 단속이 되지 않는다고 한다. 단속 현장에서는 단속원과 차박족 간에 고성이 오고가는 것도 쉽게 볼 수 있다. 차박족들은 차 안은 개인 공간인데 주차장에 장기간 주차를 한다는 이유로 단속을 하는 것은 납득하기 어렵다고 반발했다. 차 안에서 음식을 먹거나 쉬는 것이 모두 단속의 대상이 된다면 고속 도로 휴게소에서 주차한 후, 차 안에서 음식 먹고 쉬는 것도 단속할 거냐며 단속원들과 입씨름을 벌이기도 했다. 일부 지역에서는 몰려드는 차박족으로 인한 피해를 줄이기 위해 아예 주차장을 폐쇄하거나 차박을 주로 하는 장소를 막아 놓기도 했다.

나만 즐겁고 편하면 그만이라는 차박족들의 이기주의로 인해 자연 훼손과 환경오염은 물론 시민들의 쉴 권리까지 빼앗기고 있다. 개인의 즐거움이 일탈로 이어져 우리의 양심까지 버려지는 일은 없어야 할 것이다.

01 글쓴이가 이 기사를 쓴 목적은 무엇입니까?

① 최근 유행하는 여가 문화를 소개하기 위해

② 사람들과 생활에 유용한 정보를 공유하기 위해

③ 사회의 발전에 도움이 되는 상식을 전달하기 위해

④ 요즘 논란이 되는 주제에 대한 의견을 나타내기 위해

02 다음 중 글쓴이가 문제라고 지적한 행동이 아닌 것은 무엇입니까?

① 공공 주차장에서 캠핑을 하는 행동

② 공공 주차장에 무료로 주차하는 행동

② 공용 화장실에 쓰레기를 버리는 행동

④ 공용 화장실의 전기를 마음대로 쓰는 행동

03 글쓴이의 의견으로 알맞은 것을 고르십시오.

① 주차한 차에서는 쉬면 안 된다.

② 캠핑을 할 때 정해진 요금을 지불해야 한다.

③ 캠핑을 하면서 나오는 쓰레기는 분리 배출해야 한다.

④ 여러 사람이 이용하는 주차장에서 캠핑을 하면 안 된다.

04 위의 기사는 PART I 에서 읽었던 기사들과 어떤 차이점이 있습니까?

💬 다음은 차박족과 관련한 또 다른 기사의 일부입니다. 기사의 내용을 참고하여 '올바른 차박 문화를 위해 지켜야 할 일'을 정리하여 기사로 써 보십시오.

차박족, 쓰레기가 제일 문제

한국관광공사가 지난 5월 캠핑장을 찾은 사람 1080명을 대상으로 차박에 대한 인식을 조사한 결과 차박에 대해 긍정적으로 생각한다는 응답자는 52%로 전체 응답자의 절반 정도를 차지했다. 이들은 텐트 및 기타 캠핑용품 없이 간단히 캠핑을 즐길 수 있다는 점을 차박의 가장 큰 장점이라고 답했다. 반면 차박에 대해 부정적으로 생각하는 응답자가 29%, 잘 모르겠다는 응답자가 15%로 그 뒤를 이었다. 차박에 대해 부정적으로 생각하는 이유에 대한 질문에 68%가 쓰레기 문제를 꼽았다. 응답자의 대부분은 차박족들이 쓰레기를 아무 장소에 버리거나 캠핑한 장소를 정리하지 않고 떠나는 것이 문제라고 인식했다. 다음으로 28%의 응답자가 정해진 캠핑장이 아닌 장소에서의 차박을 문제라고 생각하는 것으로 나타났다. 특히 아파트 주차장이나 공공 주차장처럼 공용 장소에서 차박을 하며 음식을 해 먹고, 늦은 시간까지 시끄러운 소음을 발생시키는 것이 문제라고 지적했다.

올바른 차박 문화를 위해 지켜야 할 일

·

·

·

올바른 차박 문화를 위하여

7과 어휘 목록

PART I

복권
당첨금
일부
화제
개업
해당하다

	대다수
	소비자
	위생
	인지하다
	응답
	불과하다
	용도
	대용
	지목하다
1	그치다
	섬유
	시중
	유통
	계열
	주성분
	함유하다
	공개하다
	생태계
	파괴되다
	주거
	복지
2	개선
	공유
	소정
	임대료

	시세
	쾌적하다
	말벗
	문단속
	가사
	작동
2	요령
	극대화하다
	입주
	협약
	체결하다
	조정하다
	선정하다
	정비하다
	메타버스
	플랫폼
	채용
	개최하다
	체류하다
	구직자
	비대면
	입증하다
	가상
3	초월
	합성어
	아바타
	참가자
	대체로
	구현하다
	내부
	동일하다
	마련되다
	체험하다

3	임직원	
	전반	
	확대하다	
	방침	
	원가	
	인상	
	절감	
	동결	
	제조원가	
	동반	
	상승	
	추세	
	호평	
	기용하다	
4	입소문	
	전략	
	기반	
	재고	
	이르다	
	비효율적	
	요인	
	고스란히	
	환원	
	모색하다	
	향상	

PART Ⅱ

집단	
소비자	
북상	
상륙	
무분별하다	
산업혁명	
대비	

몰려들다	
차박족	
인근	
불법	
골머리를 앓다	
취사	
숙박	
눈살을 찌푸리다	
선호하다	
지정	
훼손하다	
투기하다	
무단	
지자체	
단속하다	
흩어지다	
인력	
고성	
납득하다	
반발하다	
입씨름을 벌이다	
폐쇄하다	
이기주의	
권리	
일탈	
양심	
인식	
절반	
꼽다	
소음	

8

감상문

💬 우리가 감상(感想)할 수 있는 대상은 어떤 것들이 있을까요? 빈칸에 자유롭게 써 봅시다.

💬 감상문은 여러 종류가 있습니다. 다음을 읽고 맞게 연결해 보십시오.

① 책을 읽고 줄거리 및 내용에 대한 감상 및 생각을 쓴 글 ・　・ 기행문

② 공연을 보고 난 후 공연의 개요와 특징을 소개하고 감상을 쓴 글 ・　・ 독서 감상문(서평)

③ 여행을 다녀와서 여행지의 자연, 음식, 문화를 소개하고 자신의 경험 및 생각을 정리한 글 ・　・ 공연 감상문 (공연평)

④ 영화를 보고 줄거리나 등장인물에 대해 간단히 소개하면서 느낌과 생각을 쓴 글 ・　・ 영화 감상문 (영화평)

💬 다음 중 감상문의 내용으로 맞는 것에 표시하십시오.

☐ 영화평은 줄거리 위주로 구성되어 있다.

☐ 영화평에서는 비슷한 주제의 다른 영화와 비교하거나 감독을 소개할 수도 있다.

☐ 기행문은 보통 여정 순서로 기술된다.

☐ 기행문은 여행지의 경치, 숙박, 교통, 맛집 등 정보 위주로 구성된다.

☐ 공연 감상문은 공연에 대한 느낌과 생각만 주로 나타난다.

☐ 공연 감상문에는 연극, 춤, 오페라, 뮤지컬뿐만 아니라 콘서트도 포함된다.

☐ 독서 감상문에서는 책의 줄거리나 내용이 자세히 소개된다.

☐ 독서 감상문은 작가 소개를 포함하여 감동적이고 인상 깊은 장면으로 구성된다.

💬 만약 사후 세계가 있다면 어떤 곳일지 상상해서 말해 봅시다.

　　여러분 나라에도 사후 세계와 관련된 명절이나 의식이 있습니까?

Memo

📑 다음 글을 읽고 질문에 답하십시오.

죽은 자의 세계에서 깨달은 가족의 사랑, 영화 '코코(Coco)'를 보고

영화 코코는 죽음을 소재로 한 영화로 멕시코의 전통 명절인 죽은 자의 날이 배경이다. 죽음이라는 소재는 다소 무겁고 슬프다. ___ⓐ___ 코코에서는 죽음이 밝고 활기찬 모습으로 표현된다. 죽은 자의 세계는 살아 있는 사람의 세계보다 훨씬 활기차고 화려하게 표현되어 화면을 채운 아름다운 영상미가 영화를 보는 내내 나의 시선을 끌었다.

ⓐ 멕시코에 살고 있는 미구엘이라는 어린 소년이 기타와 음악을 사랑하지만 미구엘의 집안은 미구엘이 기타를 치고 노래를 부르는 것을 반대했다. 미구엘은 음악을 정말 사랑하고 잘하는 소년이었으나 가족들의 극심한 반대에 부딪치게 되고, 급기야 집을 나가게 된다. 미구엘은 죽은 자의 날에 열리는 음악 대회에 참가하기 위해 멕시코의 전설적인 가수인 델라 크루즈의 기타에 손을 댔다가 죽은 자의 세계에 들어가게 된다. 미구엘은 그곳에서 헥터라는 사람을 만나 원래의 세계로 돌아가기 위해 고군분투하게 되는데 그 과정에서 자신의 고조할아버지가 헥터라는 사실을 알게 된다. 고조할아버지와 함께 시간을 보내면서 미구엘은 고조할아버지가 가족을 버리고 떠난 것이 아니라 그의 친구인 델라 크루즈에게 죽임을 당해 가족에게 올 수 없었다는 것을 알게 된다. 고조할머니는 남편인 헥터가 가족을 버렸다고 생각해 그의 존재는 물론, 그를 떠올릴 수 있는 음악마저 모두 인생에서 지우려고 노력했고 죽어서도 여전히 용서하지 않았기 때문이다. ⓑ 미구엘은 우여곡절 끝에 고조할머니의 오해를 풀고 다시 살아 있는 사람의 세계로 돌아간다. 모든 오해를 풀고 돌아오는 과정은 미구엘이 가족의 소중함과 끈끈한 사랑을 느끼며 성장해 가는 모습을 담고 있다.

멕시코의 전설에 따르면 살아 있는 자들이 죽은 사람을 더 이상 기억하지 않을 때 죽은 자는 죽은 자의 세계에서도 영원히 사라진다고 한다. ⓒ 살아 있는 자의 세계에서 헥터를 기억하는 유일한 존재는 그의 딸이자 미구엘의 증조할머니인 코코뿐이다. 미구엘은 증조할머니께 어렸을 때부터 아버지인 헥터가 불러 주던 노래를 불러주며 아버지에 대한 기억을 상기시켜 준다. 이로써 헥터는 영원히 소멸되지 않고 오해로 멀어졌던 자신의 부인과 모든 가족들을 다시 만나게 된다. 영화의 마지막은 일 년 후 죽은 자의 날에 살아 있는 가족들과 죽은 가족들이 모두 모여 미구엘의 노래에 맞춰 춤을 추고 즐기는 모습으로 화려하게 마무리된다. 엄숙하기만 한 한국의 제사와 대비되는 모습에 웃음이 나기도 하고 즐거운 그들의 분위기가 부럽기도 했다.

나는 이 영화에서 기억을 잃어 가던 코코가 증손자인 미구엘이 불러 주는 아버지의 노래에 기억을 되찾고 미구엘과 함께 '기억해 줘'라는 노래를 부르는 장면을 잊을 수 없다. ㉣ 영화의 주제가이기도 한 '기억해 줘'는 아버지에 대한 기억을 잃어 가는 늙은 딸과 억울한 죽음으로 딸과 헤어진 헥터가 서로 만날 수 있게 되는 유일한 열쇠 같은 것이었다. 이 영화를 보는 사람들이 누군가와 오해로 멀어졌다면 특히 소중한 가족과 오해로 멀어졌다면 이들처럼 쌓인 오해를 풀 수 있었으면 좋겠다는 생각을 하게 되었다. 그들의 오해를 풀 수 있는 열쇠는 무엇일까.

영화 코코를 보면서 나는 끈끈한 가족의 사랑뿐만 아니라 죽음에 대한 여러 가지 생각이 머리를 스쳤다. 우리도 언젠가는 죽음을 맞이하고 소중한 사람들과 헤어지게 된다. 그러나 나는 영화 코코에서처럼 소중한 사람을 잊지 않고 기억한다면 그 사람은 어디에선가 영원히 살아 있다고 믿는다.

01 글쓴이가 이 영화를 통해 알게 된 것을 고르십시오.

① 죽은 자의 날을 잘 기억해야 한다.

② 죽은 가족에 대한 오해를 풀어야 한다.

③ 죽은 가족을 떠올리는 노래가 있어야 한다.

④ 죽은 가족을 잊지 않으려는 노력이 필요하다.

02 글쓴이가 감상문을 쓰기 전에 작성한 개요입니다. 개요의 빈칸을 완성하십시오.

누가	내용
제목	죽은 자의 세계에서 깨달은 가족의 사랑, 영화 '코코(Coco)'를 보고
처음	영화의 소재인 ＿＿＿＿＿＿＿＿ 소개
중간	1) 영화의 ＿＿＿＿＿＿ 와/과 ＿＿＿＿＿＿ 소개 2) 인상 깊은 장면 소개 ＿＿＿＿＿＿＿＿＿＿＿＿＿＿＿＿＿＿＿＿＿＿

	3) 해당 장면에 대한 감상
끝	전반적인 감상

03 이 글의 ___ⓐ___ 에 들어갈 단어로 가장 적절한 것을 고르십시오.

① 이처럼　　② 그러나　　③ 더구나　　④ 게다가

04 ㉠ ~ ㉣ 중에서 글쓴이의 생각이 나타난 것을 고르십시오.

① ㉠　　　　② ㉡　　　　③ ㉢　　　　④ ㉣

05 이 글의 특징으로 알맞은 것을 고르십시오.

① 영화의 배경을 분석해서 쓴 글이다.

② 영화의 내용을 자세히 설명한 글이다.

③ 영화에 대한 주관적인 느낌을 쓴 글이다.

④ 영화의 인물에 대해 논리적으로 비판한 글이다.

PART I **읽고 나서**

1. 영화 〈신과 함께〉를 감상한 후 〈코코〉의 내용과 어떻게 다른지 이야기해 봅시다.

2. 사후 세계를 믿는 사람과 그렇지 않은 사람은 삶의 태도에 차이가 있다고 생각합니까?

💬 인류의 역사는 얼마나 오래되었습니까? 다음 중에서 가장 오래된 인류의 화석은 어떤 것
입니까?

사헬란트로푸스 차덴시스   오스트랄로피테쿠스 아파렌시스   호모 네안데르탈렌시스

💬 다음 글을 읽고 질문에 답하십시오.

가   국립중앙박물관에서 매우 흥미로운 전시를 보고 왔다. 아마 박물관 안에 전시되어 있
는 어떤 유물보다 오래된 이야기일 것이다. '호모사피엔스: 진화 ∞ 관계 & 미래'라는 독
특한 제목의 전시였는데 바로 우리, '인류'의 기원에 대한 전시였다. 700만 년이라는 긴
시간 동안 인류가 진화해 온 여정을 700여 점의 전시물과 최첨단 영상 기법을 활용하여
신선하고 흥미롭게 전시했다는 점에서 기억에 오래 남을 것 같다.

나   인류의 기원에 대해서는 이견이 있지만 현재까지 발견된 약 20여 종의 원인류 화석에
대한 연구 결과를 통해 약 700만 년 전에 아프리카 유인원으로부터 인류가 분화해 나왔
을 것으로 추측하고 있다. 이 가운데 가장 오래된 원인류 화석은 '투마이'라는 애칭을 가
지고 있는 사헬란트로푸스 차덴시스(Sahelanthropus tschadensis)인데 2002년 아프리
카 차드공화국에서 발견되었으며 약 600~700만 년 전에 살았을 것으로 추정된다. 그런
데 나처럼 학교를 졸업한 지 오래된 사람이라면 1974년 에티오피아에서 발견된 오스트
랄로피테쿠스 아파렌시스(Australopithecus afarencis)를 가장 오래된 원인류 화석으로
알고 있을지도 모른다. '루시'라는 별칭을 가진 이 화석은 약 1m 되는 키에 직립보행을
하고 현대인의 ¼에 해당하는 뇌 용량을 가졌으며, 현재의 인류와 같은 호모(Homo)에
속하는 최초의 종으로 알려져 있다. 그리고 지금의 인류를 뜻하는 호모 사피엔스(Homo
sapiens)는 '지혜로운 사람'이라는 뜻으로 약 1만 년 전에서 100만 년 전에 출현했다.

다   전시는 크게 '프롤로그: 진화를 이해하는 방식', '제1부: 진화', '제2부: 지혜로운 인간,
호모 사피엔스', '에필로그: 호모 사피엔스의 미래' 네 부분으로 구성되었는데 각 전시실

마다 특징이 있어서 지루할 틈이 없었다. 프롤로그에서 처음 마주하는 것은 흰색의 긴 영사막인데 바닥에 설치된 센서를 밟으면 수묵담채화 같은 영상이 시작된다. 숲에서 걸어 나와 인사를 건네는 유인원, 불을 비롯한 도구의 사용, 시신 주위에 꽃을 뿌리는 장례 풍습 등은 이어질 전시에 대한 안내 역할을 한다.

라 이어지는 1부 전시실의 한 면에는 찰스 다윈(Charles Robert Darwin)의 〈종의 기원〉 제6판(1872년)이 전시되어 있는데 ㉠ 매우 상징적이라는 생각이 들었다. 왜냐하면 신에 의해 인류가 창조되었다는 종교적 신념을 깨고 인류의 기원을 종교의 영역에서 과학의 영역으로 돌려놓은 기념비적인 저작물이기 때문이다. 그리고 고개를 돌려 보면 가장 오래된 인류의 화석인 사헬란트로푸스 차덴시스부터 현생 인류인 호모 사피엔스까지 전시실을 가득 메운 화석 모형들을 보게 된다. 다만 오스트랄로피테쿠스 아파렌시스 하나만은 모형이 아닌 실물이었다. 1m 남짓한 '루시'를 코앞에서 보니 가슴이 뛰었다. 적어도 600만 년 전에는 20대 후반의 아름다운 여성이었을 '루시'. 가늠할 수 없는 시간을 증명하는 그들과 마주 서니 아득하고 묘한 기분이었다. 또한 전시실 우측 벽면에는 인류의 시작과 진화의 역사가, 좌측 벽면에는 한반도의 역사가 시기별로 기록되어 있어서 읽어 볼 만했다.

마 2부 전시실로 가는 좁은 통로에는 스페인의 알타미라 동굴, 프랑스의 라스코와 쇼베 동굴에서 발견된 벽화 영상이 실제처럼 펼쳐진다. 그리고 코너를 돌면 약 4만 년 전에 매머드 상아로 만들어진 반인반수의 '사자 인간'을 비롯해 발렌도르프 비너스까지 다양한 구석기시대 조각품들이 양 벽면에 전시되어 있다. 이 조각품들은 구석기인들이 사자와 같은 힘을 동경했고, 가슴과 배가 과장된 조각상을 통해 풍요와 다산을 기원했음을 짐작하게 한다. 현대 우리 문화의 근간이 된 후기 호모 사피엔스의 공간은 유인원에서 진화한 현생 인류가 어떻게 인식의 지평을 넓혀 도구, 언어, 기호, 문화를 축적해 왔는지를 알려주는데 다양한 돌칼, 찌르개는 물론 30만 년 전 한반도에서 발견된 야구공 크기의 '여러면석기'의 실물도 볼 수 있다. 여러면석기는 아직까지도 그 용도가 밝혀지지 않은 의문투성이의 유물이다. 또 단양에서 발견된 '눈금이 새겨진 돌'은 0.4cm 간격의 눈금이 22개 새겨진 돌로 약 4만 년 전에도 공정한 분배나 거래가 이루어졌음을 유추할 수 있는 유물이었다. 특히 최신의 3D 입체 스캔 프린팅 기술을 적용해 만든 특별 전시실은 거울 벽면을 활용해 시간을 초월한 듯한 환상적인 공간을 연출했다. 그곳에 서 있으면 거대한 매머드부터 현생 인류에 이르기까지 지구상의 모든 생물종이 그물처럼 엮여서 진화하고 공존해 왔다는 것을 실감하게 된다.

바 그리고 2부 전시실을 나와 현재의 시간으로 오면, ⓛ '이제 호모 사피엔스는 어떤 방향으로 갈 것인가?'라는 쉽지 않은 질문과 마주하게 된다. 21세기 78억의 호모 사피엔스는 ⓒ '위험을 간직한 채' 최고의 전성기를 누리고 있다. 진화의 진화를 거듭해 사람과 유사한 로봇을 만들어 냈고 우주여행을 현실화시켰다. 그러나 한편으로는 지구상의 많은 생물들이 멸종했거나 멸종 위기에 있으며 기후 변화로 인해 세계 곳곳이 재난에 시달리고 있다. 이런 상황 속에서 과연 어떤 대답을 해야 하는 것일까?

사 과학 기술의 발전이 빨라질수록 인류는 지구의 주인인 양 행세하며 모든 동물과 식물을 마음대로 이용해도 된다는 착각을 하게 되었다. 그러나 700만 년의 시간을 돌아보고 나면 결국 인류가 이렇게 발전할 수 있었던 것은 다른 종과의 협력과 공존을 위한 노력 때문이었다는 것을 알 수 있다. 이번 전시가 의미 있는 것은 바로 이러한 성찰과 가르침을 주기 때문이다. 인류의 현재는 곧 인류의 미래이다. 우리는 미래를 위해 어떤 선택을 해야 할까? 과거의 인류가 현재의 우리에게 묻고 있다.

01 이 글은 무엇에 대한 감상문입니까? 읽은 내용을 바탕으로 표를 작성해 보십시오.

대상	□ 공연 □ 전시 □ 도서 □ 영화
장소	
제목	

02 다음에 제시된 내용이 소개된 단락의 기호를 쓰십시오.

단락의 내용	단락의 기호
전시에 대한 개요	
전시에 대한 배경지식	
전시 공간별 소개와 감상	
전시의 의미	

03 단락 '라'에서 〈종의 기원〉을 ㉠과 같이 표현한 이유는 무엇인지 써 보십시오.

04 최신의 과학 기술이 적용된 전시 공간은 어디였습니까?

　□ 프롤로그　　　　□ 제1부 전시　　　　□ 제2부 전시　　　　□ 에필로그

05 다음 중 구석기인들의 인식이나 생활상을 유추하기 힘든 유물은 무엇입니까?

　① 사자 인간　　　② 발렌도르프 비너스　　　③ 찌르개　　　④ 여러면석기

06 글쓴이는 왜 인류가 진화할 수 있었다고 생각했습니까? 다음 중에서 맞는 것을 고르십시오.

　① 과학 기술이 빠르게 발전해서

　② 인류가 지구의 주인이라고 생각해서

　③ 다른 종과의 협력과 공존을 위해 노력해서

　④ 신에 의해 인류가 창조되었다는 믿음을 버려서

07 단락 '바'에서 ⓒ과 같이 표현한 이유로 가장 알맞은 것은 무엇입니까?

　① 로봇이 인간을 지배할지도 몰라서

　② 인류의 진화가 끝없이 계속 될 것 같아서

　③ 인류로 인해 지구 환경이 급격히 파괴되고 있어서

　④ 우주여행이 시작되면 지구에서 인류가 사라질 것 같아서

08 단락 '바'에 나오는 ⓛ '이제 호모 사피엔스는 어떤 방향으로 갈 것인가?'라는 질문에 여러분은 어떤 대답을 하겠습니까?

PART / Ⅱ　읽고 나서

💬 여러분도 기억에 남는 전시나 공연이 있었습니까? 친구들에게 간단하게 소개해 보십시오.

PART I

소재
사로잡다
허용하다
부딪치다
급기야
전설적
고군분투하다
우여곡절
상기시키다
소멸되다
주문
끈끈하다
영원히

PART II

화석
진화
독특하다
기원
최첨단
기법
이견
추정(하다)
별칭
직립보행
종(種)
출현하다
프롤로그
에필로그
영사막
수묵담채화
시신
장례

신념
기념비적
저작물
모형
가늠하다
아득하다
묘하다
벽화
매머드
상아
반인반수
구석기(시대)
동경하다
풍요
다산
근간
지평
의문투성이
눈금
새기다
분배
입체
초월하다
환상적
연출
엮이다
공존하다
간직하다
전성기
거듭하다
시달리다
행세하다

9

문학

💬 사진 속 인물들은 누구일까요? 직업을 추측해서 써 보십시오.

ㄱ. 김수영

ㄴ. 박경리

ㄷ. 하근찬

	이름	직업	대표작
ㄱ.	김수영(1921–1968)		〈달나라의 장난〉, 〈어느 날 고궁을 나오면서〉, 〈풀〉 등
ㄴ.	박경리(1926–2008)		〈토지〉, 〈김약국의 딸들〉, 〈시장과 전장〉 등
ㄷ.	하근찬(1931–2007)		〈수난 이대〉, 〈족제비〉, 〈일본도〉 등

💬 문학 장르와 그에 대한 설명을 바르게 연결하십시오.

① 시 •　　• 실제의 이야기가 아니라 작가가 창조해 낸 허구의 이야기로 플롯(plot), 인물, 사건, 시점 등이 주요한 구성 요소임.

② 소설 •　　• 오랜 역사를 가졌으며 공연을 목적으로 하기 때문에 대본에 쓰인 등장인물의 말과 행위가 매우 중요함.

③ 수필 •　　• 산문과 달리 운율적 요소를 가지며 문장 형식이 자유로움. 언어의 일반적인 형식과 의미를 작가의 상상을 통해 재탄생시킨다는 면에서 다양한 해석이 가능함.

④ 희곡 •　　• 작가의 생각과 느낌을 자유로운 형식으로 쓴 것으로 동양에서는 약 12세기, 서양에서는 16세기에 처음 등장했음.

💬 함께 이야기해 봅시다.

- 여러분은 관심이 있거나 자주 읽는 문학 장르가 있습니까?

- 여러분 나라에서 유명한 소설가나 시인을 친구들에게 소개해 보십시오.

- 또는 여러분이 좋아하는 문인(시인, 소설가, 수필가)이 있다면 소개해 보십시오.

✓ 여러분은 '풀'을 보면 어떤 것이 떠오릅니까?

✓ '풀'은 어떤 특징을 가지고 있습니까?

💬 아래의 시를 읽고 질문에 답하십시오.

풀

김수영

풀이 눕는다
비를 몰아오는 동풍에 나부껴
풀은 눕고
드디어 울었다
날이 흐려서 더 울다가
다시 누웠다

풀이 눕는다
바람보다도 더 빨리 눕는다
바람보다도 더 빨리 울고
바람보다 먼저 일어난다

날이 흐리고 풀이 눕는다

발목까지

발밑까지 눕는다

바람보다 늦게 누워도

바람보다 먼저 일어나고

바람보다 늦게 울어도

바람보다 먼저 웃는다

날이 흐리고 풀뿌리가 눕는다

김수영(1974), 거대한 뿌리, 민음사

01 이 시에서 서로 상반되는 의미로 쓰인 단어를 찾아 써 보십시오.

풀 ↔ _____   눕는다 ↔ _____   웃다 ↔ _____

02 각 연에서 '풀'의 이미지는 어떻게 표현되었는지 써 보십시오.

1연	
2연	
3연	

03 시인이 살았던 시대적 배경과 시인의 개인적 경험을 알면 시 속에서 더 많은 의미를 찾아낼 수 있습니다. 시인에 대한 간단한 소개를 읽고, 위 시를 다시 한번 읽어 보십시오. 처음 읽었을 때와 어떻게 다릅니까?

- 1921년 서울 출생
- 보통학교 6학년 때 뇌막염을 앓아 스물이 넘어 고등학교를 졸업
- 1944년 가족과 함께 만주의 지린성으로 이주
- 1945년 연희전문학교 영문과 4학년에 편입
- 1950년 한국 전쟁 당시 인민군에 징집되었다가 거제도 포로수용소에서 석방됨
- 통역가, 선린상고 영어교사, 평화신문사 문화부 차장 등 여러 직업을 가짐
- 1956년부터는 시 창작과 번역에만 전념
- 1960년 4·19혁명을 겪음
- 1968년 47세에 교통사고로 사망
- 1969년 그의 마지막 시 〈풀〉을 새긴 시비를 묘소에 세움

PART / I 읽고 나서

💬 여러분은 시를 자주 읽는 편입니까? 좋아하는 시인이나 시가 있다면 친구들에게 소개해 보십시오.

Memo
_____

_____

_____

_____

💬 '소설 같다', '영화 같다'라는 말을 들어 본 적이 있습니까? 언제 이런 표현을 사용합니까?

💬 소설에 대한 설명으로 맞는 것을 모두 고르십시오.

☐	사실을 재현한 것이다.	☐	작가가 만들어 낸 허구의 세계이다.
☐	인물의 설정이 매우 중요하다.	☐	생각나는 대로 자유롭게 쓰는 글이다.
☐	사건이 설득력 있게 전개된다.	☐	현실과 전혀 관계없는 이야기이다.
☐	대화하듯이 써야 한다.	☐	길이에 따라 분류되기도 한다.

Memo

다음은 하근찬의 〈수난 이대〉라는 단편소설입니다. 잘 읽고 질문에 답하십시오.

1

'아들이 돌아온다. 아들 진수가 살아서 돌아온다. 아무개는 전사했다는 통지가 왔고, 아무개 아무개는 죽었는지 살았는지 통소식이 없는데, 우리 진수는 살아서 오늘 돌아오는 것이다.'

생각할수록 ㉠ 어깻바람이 날 일이었다. 그래 그런지 몰라도 박만도는 여느 때 같으면 아무래도 한두 군데 앉아 쉬어야 넘어설 수 있는 용머릿재를 단숨에 올라채고 만 것이다. 가슴이 펄럭거리고 허벅지가 뻐근했다. 그러나 그는 고갯마루에서도 좀 쉴 생각을 하지 않았다. 들 건너 멀리 바라보이는 정거장에서 연기가 물씬물씬 피어오르며 '삐익-'하고 기적 소리가 들려왔기 때문이다. 아들이 타고 내려올 기차는 점심때가 가까워서야 도착한다는 것을 모르는 바 아니었다.

(중략)

'삼대독자가 죽다니 말이 되나. 살아서 돌아와야 일이 옳고말고. 그런데 병원에서 나온다 하니 어디를 좀 다치기는 다친 모양이지만 설마 ㉡ 나같이 이렇게사 되지 않았겠지.'

만도는 왼쪽 조끼 주머니에 꽂힌 소맷자락을 내려다보았다. 그 소맷자락 속에는 아무것도 들은 것이 없었다. 그저 소맷자락 그것뿐이 어깨 밑으로 덜렁 처져 있는 것이다. 그래서 노상 그쪽은 조끼 주머니 속에 꽂혀 있는 것이다.

'볼기짝이나 장딴지 같은 데를 총알이 약간 스쳐 갔을 따름이겠지. 나처럼 팔뚝 하나가 몽땅 달아날 지경이었다면 그 엄살스런 놈이 견디어 냈을 턱이 없고말고.'

슬며시 걱정이 되기도 하는 듯, 그는 속으로 이런 소리를 주워섬겼다. 내리막길은 빨랐다. 벌써 고갯마루가 저만큼 높이 쳐다보이는 것이다. 산모퉁이를 돌아서면 이제 들판이었다. 내리막길을 쏘아 내려온 기운 그대로 만도는 들길을 잰걸음 쳐 나가다가 개천 둑에 이르러서야 걸음을 멈추었다. 외나무다리가 놓여 있는 조그마한 시냇물이었다. 한여름 장마철에는 들어설라치면 배꼽이 묻히는 수도 있었지마는 요즈막엔 무릎이 잠길 듯 말 듯한 물인 것이다. (중략) 만도는 읍 들머리에서 잠시 망설이다가 정거장 쪽과는 반대되는 방향으로 걸음을 놓았다. 장거리를 찾아가는 것이었다.

'진수가 돌아오는데 고등어나 한 손 사 가지고 가야 될 거 아니가.' 싶어서였다. 장날은 아니었으나 고깃전에는 없는 고기가 없었다. 이것을 살까 하면 저것이 좋아 보이고, 그것을 사러 가면 또 그 옆엣 것이 먹음직해 보이는 것이었다. 한참 이리저리 서성거리다가 결국은 고등어 한 손이었다. (중략)

01 등장인물인 '박만도'와 '진수'는 어떤 관계입니까?

만도: _____   진수: _____

02 ㉠의 <u>어깻바람이 날 일</u>은 어떤 일을 의미합니까? 본문에서 찾아서 쓰십시오.

_____

_____

03 ㉡의 '나같이'가 뜻하는 것으로 맞는 것을 고르십시오.

① 살아서 돌아오는 일   ② 고등어 한 손을 산 일

③ 팔뚝 하나가 몽땅 달아난 일   ④ 장딴지를 총알이 약간 스쳐간 일

04 만도의 동선을 순서대로 정리해 보십시오.

집 → _____ → 내리막길 → _____ → _____(외나무다리) → 장거리

Memo

_____

_____

_____

_____

_____

_____

_____

정거장 대합실에 와서 이렇게 도사리고 앉아 있노라면 만도는 곧장 ⓒ 생각나는 일이 한 가지 있었다. 그 일이 머리에 떠오르면 등골에 찬 기운이 쫙 스쳐 내려가는 것이다. 손가락이 시퍼렇게 굳어져서 마치 이낀 낀 나무토막 같은 팔뚝이 지금도 저만큼 눈앞에 보이는 듯하였다.

바로 이 정거장 마당에 백 명 남짓한 사람들이 모여 웅성거리고 있었다. 그 중에는 만도도 섞여 있었다. 기차를 기다리고 있는 것이었으나 그들은 모두 자기네들이 어디로 가는 것인지 모르는 것이었다. 그저 차를 타라면 탈 사람들인 것이었다. 징용에 끌려 나가는 사람들이었다. 그러니까 지금으로부터 십이삼 년 옛날의 이야기인 것이다.

북해도 탄광으로 갈 것이라는 사람도 있었고, 틀림없이 남양군도로 간다는 사람도 있었다. (중략) 홈으로 나가면서 뒤를 돌아보니 마누라는 울 밖에 서서 수건으로 코를 눌러대고 있는 것이었다. 만도는 코허리가 찡했다. 기차가 꽥꽥 소리를 지르면서 덜커덩하고 움직이기 시작했을 때는 정말 속이 덜 좋았다. 눈앞이 뿌우옇게 흐려지는 것을 어쩌지 못했다. (중략)

섬에서 그들을 기다리고 있는 것은 숨 막히는 더위와 강제 노동과 그리고 잠자리만씩이나 한 모기떼였던 것이다. 섬에다가 비행장을 닦는 것이었다. 모기에게 물려 혹이 된 곳을 벅벅 긁으며 비 오듯 쏟아지는 땀을 무릅쓰고 아침부터 해가 떨어질 때까지 산을 허물어 내고 흙을 나르고 하기란, 고향에서 농사일에 뼈가 굳어진 몸에도 이만저만한 고역이 아니었다. 물도 입에 맞지 않았고, 음식도 이내 변하고 해서 도저히 견디어 낼 것 같지 않았다. 게다가 병까지 돌았다. 일을 하다가도 벌떡 자빠라지기가 예사였다. (중략)

사람의 일이란 무서운 것이었다. 그처럼 험난하던 산과 산 틈바구니에 비행장을 다듬어 내고야 말았던 것이다. 그러나 일은 그것으로는 끝이 나는 것이 아니고, 오히려 더 벅찬 일이 닥치는 것이었다. 연합군의 비행기가 날아들면서부터 일은 밤중까지 계속되었다. 산허리에 굴을 파고들어 가는 것인데, 비행기를 집어넣을 굴이었던 것이다. 그리고 모든 시설을 다 굴속으로 옮겨야 했던 것이다.

여기저기서 다이너마이트 튀는 소리가 산을 흔들어 댔다. '앵앵앵~'하고 공습경보가 나면 일을 하던 손을 놓고 모두 굴 바닥에 납작 엎드려 있어야 했다. 비행기가 돌아 갈 때까지 그러고 있는 것이었다. 어떤 때는 근 한 시간 가까이나 엎드려 있어야 하는 때도 있었는데 차라리 그것이 얼마나 편한지 몰랐다. (중략)

여느 날과 다름없이 굴속에서 바위를 허물어 내고 있었다. 바위 틈서리에 구멍을 뚫어서 다이너마이트 장치를 하는 것이었다. 장치가 다 되면 모두 바깥으로 나가고 한 사람만 남아서 불을 당기는 것이다. 그리고 그것이 터지기 전에 얼른 밖으로 뛰어나와야 되었다.

만도가 불을 당기는 차례였다. 모두 바깥으로 나가 버린 다음 그는 성냥을 꺼내었다. 그런데 웬 영문인지 기분이 께름칙했다. (중략) 심지에 불이 붙는 것을 보자 그는 얼른 몸을 굴 밖으로 날렸다. 바깥으로 막 나서려는 때였다. 산이 무너지는 듯한 소리와 함께 사나운 바람이 귓전을 후려갈기는 것이었다. 만도는 정신이 아찔하였다. 공습이었던 것이다. 산등성이를 넘어 달려든 비행기가 머리 위로 아슬아슬하게 지나가는 것이었다. 미처 정신을 차리기도 전에 또 한 대가 뒤따라 날아드는 것이 아닌가. 만도는 그만 넋을 잃고 굴 안으로 도로 달려 들어갔다. 달려 들어가서 굴 바닥에 아무렇게나 팍 엎드려져 버리고 말았다. 그 순간이었다. '꽝!' 굴 안이 미어지는 듯하면서 다이너마이트가 터졌다. ❶ 만도의 두 눈에서 불이 번쩍 났다.

만도가 어렴풋이 눈을 떠 보니 바로 거기 눈앞에 ❷ 누구의 것인지 모를 팔뚝이 하나 놓여 있었다. 손가락이 시퍼렇게 굳어져서 마치 ❸ 이끼 낀 나무토막처럼 보이는 것이었다. 만도는 그것이 ❹ 자기의 어깨에 붙어 있던 것인 줄을 알자 그만 "으악!"하고 정신을 잃어버렸다. 재차 눈을 떴을 때 그는 폭삭한 담요 속에 누워 있었고, 한쪽 어깻죽지가 못 견디게 쿡쿡 쑤셔 댔다. 절단 수술은 이미 끝난 뒤였다.

05 ⓒ의 '생각나는 일'로 볼 수 없는 것은 무엇입니까?

① 절단 수술을 받은 일　　　② 징용으로 끌려갔던 일

③ 섬에 있던 비행기 폭발 사고　　　④ 연합군의 공습으로 인한 사고

06 십이삼 년 전에 정거장을 떠날 때 만도의 느낌은 어땠습니까? 본문에서 찾아 모두 밑줄을 그어 보십시오.

_____

07 징용으로 끌려간 사람들이 섬에서 한 일은 무엇입니까?

① 비행기를 수리하는 일　　　② 섬에 비행장을 만드는 일

③ 산속에서 터널을 뚫는 일　　　④ 다이너마이트를 만드는 일

08 만도가 섬에서 겪은 일에 해당하는 것에 모두 표시해 보십시오.

☐	무더위	☐	힘든 노동
☐	큰 모기떼	☐	고된 농사일
☐	전염병	☐	입에 맞지 않는 물
☐	굴속에서 바위를 허무는 일	☐	공습을 나가는 것
☐	다이너마이트를 만드는 일	☐	굴속에 비행기를 집어넣는 일

09 ❶∼❹ 중에서 가리키는 것이 다른 하나를 고르십시오. _____

Memo

3

가 '꽤액-' 기차 소리였다. 멀리 산모퉁이를 돌아오는가 보았다. 만도는 앉았던 자리를 털고 벌떡 일어서며 옆에 놓아두었던 고등어를 집어 들었다. 기적 소리가 가까워질수록 그의 가슴은 울렁거렸다. 대합실 밖으로 뛰어나가 홈이 잘 보이는 울타리 쪽으로 가서 발돋움을 하였다. 째랑째랑 하고 종이 울자 한참 만에 차는 소리를 지르면서 달려들었다. 기관차의 옆구리에서는 김이 픽픽 풍겨 나왔다. 만도의 얼굴은 바짝 긴장되었다. 시꺼먼 열차 속에서 꾸역꾸역 사람들이 밀려 나왔다. 꽤 많은 손님이 쏟아져 내리는 것이었다. 만도의 두 눈은 곧장 이리저리 굴렀다. 그러나 아들의 모습은 십사리 눈에 띄지 않았다. (중략)

나 "아부지!"

부르는 소리가 들렸다. 만도는 깜짝 놀라며 얼른 뒤를 돌아보았다. 그 순간 ㉣ 만도의 두 눈은 무섭도록 크게 떠지고 입은 딱 벌어졌다. 틀림없는 아들이었으나 옛날과 같은 진수는 아니었다. 양쪽 겨드랑이에 지팡이를 끼고 서 있는데, 스쳐 가는 바람결에 한쪽 바짓가랭이가 펄럭거리는 것이 아닌가.

만도는 눈앞이 노오래지는 것을 어쩌지 못했다. 한참 동안 그저 멍멍하기만 하다가 코허리가 찡해지면서 두 눈에 뜨거운 기운이 핑 도는 것이었다. 그러나 그는 여느 때처럼 코를 팽팽 풀어 던지지는 않았다.

다 "에라이 이놈아!"

만도의 입술에서 모지게 튀어나온 첫마디였다. 떨리는 목소리였다. 고등어를 든 손이 불끈 주먹을 쥐고 있었다.

"이게 무슨 꼴이고, 이게."

"아부지!"

"이놈아, 이놈아!"

만도의 들창코가 크게 벌름하다가 훌쩍 물코를 들이마셨다. 진수의 얼굴에는 어느 결에 눈물이 꾀죄죄하게 흘러 있었다. 만도는 진수의 잘못이기나 한 듯 험한 얼굴로,

"가자, 어서."

무뚝뚝한 한마디를 던지고는 성큼성큼 앞장을 서 가는 것이었다. 진수는 입술에 내려와 묻는 짭짤한 것을 혀끝으로 날름 핥아 버리면서 절름절름 아버지의 뒤를 따라갔다.

라 "진수야!"

"예."

"니 우야다가 그래 됐노?"

"전쟁하다가 이래 안 댔습니꺼. 수류탄 쪼가리에 맞았심더."

"응, 그래서?"

"그래서 얼른 낫지 않고 막 썩어 들어가기 땜에 군의관이 짤라 버립띠더, 병원에서예. …… 아부지!"

"와?"

마   "이래 가지고 나 우째 살까 싶습니더."

"우째 살긴 뭘 우째 살아? 목숨만 붙어 있으면 다 사는 기다. 그런 소리 하지 마라."

"……."

"나 봐라. 팔뚝이 하나 없어도 잘만 안 사나. 남 봄에 좀 덜 좋아서 그렇지, 살기사 왜 못 살아."

"차라리 아부지같이 팔이 하나 없는 편이 낫겠어예. 다리가 없어 놓으니 첫째 걸어 댕기기에 불편해서 똑 죽겠심더."

"야야, 안 그렇다. 걸어 댕기기만 하면 뭐하노, 손을 지대로 놀려야 일이 뜻대로 되지."

"그럴까예?"

"그렇다. 니 그러니까 집에 앉아서 할 일은 니가 하고, 나댕기메 할 일은 내가 하고 그라면 안 되겠나, 그제?"

"예."

진수는 아버지를 돌아보며 대답했다. 만도는 돌아보는 아들의 얼굴을 향해서 지긋이 웃어 주었다.

바   술을 마시고 나면 이내 오줌이 마려워지는 것이다. 만도는 길가에 아무 데나 쭈그리고 앉아서 고기 묶음을 입에 물려고 하였다. 그것을 본 진수는,

"아부지, 그 고등어 이리 주소."

하였다. 팔이 하나밖에 없는 몸으로 물건을 손에 든 채 소변을 볼 수는 없는 것이다. 아버지가 용변을 마칠 때까지 진수는 저만큼 떨어져 서서, 지팡이를 한쪽 손에 모아 쥐고 다른 손으로는 고등어를 들고 있었다. 볼 일을 다 본 만도는 얼른 가서 아들의 손에서 고등어를 다시 받아 들었다.

사   개천 둑에 이르렀다. ⓑ 외나무다리가 놓여 있는 시냇물인 것이다. 진수는 막 걱정이 되었다. 물은 그렇게 깊은 것 같지는 않지만, 밑바닥이 모래흙이어서 지팡이를 짚고 건너기가 만만할 것 같지 않기 때문이었다. 외나무다리 위로는 도저히 건너갈 재주가 없고……. 진수는 하는 수 없이 둑에 퍼지고 앉아서 바짓가랭이를 걷어 올리기 시작했다.

만도는 잠시 멀뚱히 서서 아들의 하는 양을 내려다보고 있다가,

　　"진수야. ＿＿＿＿＿＿＿＿＿＿＿＿＿＿＿＿＿＿＿＿＿＿＿＿."

　　하는 것이었다.

10 '가'에서 아들을 기다리는 만도의 마음이라고 볼 수 없는 표현은 무엇입니까?

　　① 가슴은 울렁거렸다　　　　② 발돋움을 하였다

　　③ 소리를 지르면서 달려들었다　　④ 긴장되었다

11 '나'에서 만도가 ⓔ과 같이 반응한 까닭은 무엇인지 말해 보십시오.

＿＿＿＿＿＿＿＿＿＿＿＿＿＿＿＿＿＿＿＿＿＿＿＿＿＿＿＿＿＿＿＿

12 '나'에서 진수의 부상을 표현한 문장에 밑줄을 그어 보십시오.

＿＿＿＿＿＿＿＿＿＿＿＿＿＿＿＿＿＿＿＿＿＿＿＿＿＿＿＿＿＿＿＿

13 진수가 부상을 당하게 된 이유가 잘 나타난 단락의 기호를 쓰십시오. ＿＿＿＿＿＿

14 앞으로 살아갈 것을 걱정하는 진수의 심정과 아들에게 희망을 주려는 만도의 태도가 가장 잘 나타난 단락은 어느 것입니까?　＿＿＿＿＿＿＿＿＿＿

15 팔 한쪽이 없는 아버지와 다리 하나가 없는 아들이 서로를 도와주는 장면이 잘 나타난 단락은 어느 것입니까?　＿＿＿＿＿＿＿＿＿＿

16 '사'의 밑줄 친 부분에서 만도가 무슨 말을 했을 것 같습니까? 앞의 내용을 참고하여 알맞은 대화를 만들어 보십시오.

＿＿＿＿＿＿＿＿＿＿＿＿＿＿＿＿＿＿＿＿＿＿＿＿＿＿＿＿＿＿＿＿

17 '사'에서 ⓓ의 '외나무다리'는 이 소설에서 중요한 역할을 하는데, 작가는 왜 이러한 상황을 설정했을까요? 상상력을 발휘하여 이야기해 보십시오.

18 이 소설의 제목이 왜 '수난 이대'라고 생각합니까?

19 세 부분으로 나누어진 소설의 내용을 요약해 보십시오.

등장인물	
시대적 배경	세계 제2차 대전(1939~1945), 한국 전쟁(1950~1953)

	시간적 배경	공간적 배경	주요 장면(사건)
1	현재	집에서 정거장까지	진수를 마중하러 가는 길
2			
3			

20 이 소설은 1957년에 발표되었는데 작가가 왜 이런 소설을 썼다고 생각하는지 친구들과 이야기해 보십시오.

💬 여러분 나라에도 역사적 사건을 소재로 한 소설이 있습니까? 조사를 해 보고 아래의 표를 작성한 뒤 친구들에게 설명해 보십시오.

소설의 제목	
작가의 이름	
등장인물	
주요 사건(내용)	
역사적 사건	
공간적 배경	

Memo

💬 여러분은 일기를 씁니까?

일기를 쓴다면 주로 어떤 내용을 쓰는지 말해 보십시오.

💬 수필도 일기와 마찬가지로 무엇에 대해 쓸지, 어떻게 쓸지가 매우 자유로운 편이지만 중
요한 차이가 있습니다. 과연 어떤 점이 다를까요? 표시해 보십시오.

☐ 글의 소재 선택　　　☐ 글을 쓰는 방식　　　☐ 독자의 유무　　　☐ 글의 길이

💬 다음 중 '대머리'는 어떤 것입니까?

ㄱ.　　　　　　　ㄴ.　　　　　　　ㄷ.　　　　　　　ㄹ.

💬 다음 글을 읽고 질문에 답하십시오.

- 개념 정의가 필요하다 -

가　세상은 부정확하고 조리에 맞지 않는 말들이 넘실대는 홍해와 같다. 오해와 몰이해의
위험으로 가득한 홍해를 가르고, 젖과 꿀이 흐르는 의사소통의 땅으로 건너가려면, 자
신이 사용하는 단어를 가능한 한 날카롭게 벼려내어 의미의 피륙을 재단할 필요가 있
다. 이는 논술문 쓰기에서 특히 중요하다. 그래서 기말 논술문 과제 제출이 다가올 무렵
이면, 학생들과 함께 건곤일척(乾坤一擲)의 토론을 벌이곤 한다. 먼저 강의실에 들어가
자마자, 학생들의 머리통을 찬찬히 둘러본다. 혹시라도 젊은 나이에 탈모로 고통 받는
학생이 없는지 유심히 살펴본다. 현재 탈모가 진행 중인 중년의 선생보다는 다들 머리
털 사정이 낫다는 것을 확인한 뒤, 마치 치국책(治國策)을 요구하는 심정으로 '정언명령
(定言命令)'을 던지는 거다. "대머리를 정의하라!"

나　명령(?)이 떨어지자마자, 학생 A가 냉큼 대답한다. "반짝이는 거요! 대머리는 반짝반

반짝!" 그 정도 도발에 흔들릴 만큼, 중년의 선생은 순진하지는 않다. 침착하게 다음과 같이 응수한다. "반짝임은 대머리의 부수 현상일지는 몰라도 대머리의 정의(definition)는 아니겠죠. 대학생이 되었는데, 아직 셰익스피어도 안 읽었나요? 반짝인다고 다 금은 아니다(All that glitters is not gold)라는 말도 있죠. 반짝인다고 다 대머리는 아닙니다." 설득당하는 연습이 부족한 학생답게 A는 포기할 줄을 모른다. "환하게 불이 들어오는 거요. 대머리는 불 들어온 인간 전구." 선생을 놀리려는 수작임을 알고 있으나, 놀랄 일은 아니다. "음, 그건 대머리의 정의가 아니라 대머리의 비유겠죠."

다 상황이 이쯤 되면, 대머리를 진지하게 정의해 볼 필요가 있는 대상임을 역설할 필요가 있다. "주드 로(Jude Law)라는 절세 미남 배우가 있었죠. 한때 주드 로를 좋아하지 않는 사람은 드물었어요. 그러나 그에게 탈모가 시작되었고 영화에서 주드 로를 보기 어렵

게 되었죠. 즉 대머리란 어느 세계적 배우의 경력을 좌우할 만한 사안입니다." 이렇게 이야기를 해 주어도 학생들은 사안의 심각성을 깨닫지 못하는 눈치다. 주드 로의 영화 출연이 뜸해졌으니, 이 학생들이 주드 로를 모르는 것도 무리는 아니다.

라 이에 나는 좀 더 절실한 예를 들어준다. "보다시피 저는 탈모가 진행 중입니다. 그러나 현재 애매한 상태에 머물러 있지요. 여러분보다는 머리털이 없지만, 그렇다고 해서 전직 대통령 J만큼 화끈하게, 순수할 정도로, 대머리가 된 건 아니죠. 이른바 경계인이죠. 발모인의 나라에서 탈모인의 나라로 이주했지만 그렇다고 해서 완전히 탈모인의 나라에 뿌리를 내린 것은 아닌, 즉 디아스포라(diaspora, 離散)를 겪는 중이죠. 나 같은 경계인에게는 대머리의 정의가 특히 중요해요. 대머리를 어떻게 정의하느냐에 따라 대머리에 포함될 수도 있고, 그러지 않을 수도 있거든요."

마 대머리의 정의가 선생의 실존에 관계된 사안임을 인지하자, 학생들은 좀 더 진지해진다. 학생 B가 주장한다. "대머리는 머리털이 적은 상태를 말합니다." "머리털이 적은 상태라니? 도대체 얼마나 적어야 대머리가 되는 거죠? 철학자 티머시 윌리엄슨은 머리털의 배열과 머리털의 길이까지 고려해야 한다고 주장한 바 있어요. 좀 더 구체적인 예를 들어 볼게요. 똑같이 1만 개의 머리털을 가졌다고 해도 머리가 작은 소두인(小頭人)은 그 정도 머리털만으로도 두피를 가릴 수 있는 반면 머리가 큰 대두인(大頭人)은 두피를 가리지 못해서 대머리가 되기 쉽겠죠. 그리고 머리털이 1만 개면 뭐하고, 1억 개면 뭐하겠어요. 1억 개의 머리털이 뒤통수에만 빼곡하게 나 있다면 결국 대머리겠죠. 머리털 수

가지고는 대머리를 효과적으로 정의하기 어려워요."

바　학생 C가 대안을 제시한다. "그러면 빠지는 머리카락 수로 대머리를 정의하면 되지 않을까요? 하루에 300개 이상 머리털이 빠지면 대머리다. …… 이런 식으로." "음, 대머리를 고정된 상태라기보다는 역동적인 과정으로 이해하자는 거군요. 그런 식이라면 원래 뒤통수에만 머리털을 가지고 태어났으되, 그 머리털이 좀처럼 빠지지 않는 사람을 설명하기 어려울 것 같네요. 그 사람은 분명 하루에 300개 이하의 머리털이 빠지겠지만 대머리 소리를 들을 테니 말이에요. 차라리 빠지는 머리카락 수와 새로 나는 머리카락 수의 비율로 대머리를 정의해보는 것이 어떨까요?"

사　이때 학생 D가 날카로운 논평을 던진다. "방금 대머리 소리를 듣는다는 표현을 쓰셨죠. 그렇다면 대머리는 그 자체로 존재하는 것이 아니라는 건가요? 남들에게 대머리로 간주될 때야 비로소 대머리가 존재한다는 말씀인가요?" 멋진 논평이었기에 일단 칭찬을 해줄 필요가 있다. "김춘수의 유명한 시 〈꽃〉과 같이 아름다운 질문이네요. 김춘수가 '내가 그의 이름을 불러주기 전에는/ 그는 다만/ 하나의 몸짓에 지나지 않았다/ 내가 그의 이름을 불러주었을 때/ 그는 나에게로 와서/ 꽃이 되었다'고 노래한 바 있죠. 방금 학생의 논평을 시로 쓴다면 이렇게 되겠네요. '내가 그를 _____ ⓐ _____ (이)라고 불러주기 전에는/ 그는 다만 하나의 ⓑ 에 지나지 않았다/ 내가 그를 _____ ⓐ _____ (이)라고 불러주었을 때/ 그는 나에게로 와서/ ⓒ (이)가 되었다.'

아　바로 이때 학생 E가 D에게 이의를 제기한다. "대머리라는 것이 남들이 그렇게 부르느냐 마느냐에 좌우되는 것이라면, 대머리 치료제를 개발하려고 애쓸 필요도 없겠네요. 사람들이 대머리 운운하지 않으면 대머리란 사라지는 것이니까요." 그리고 이어서 "이걸로 대머리 치료제 특허를 내도 되겠는데요."라고 빈정거린다. E와 D가 싸우기 전에 선생은 재빨리 개입해야 한다. 그리하여 이제 토론은 마무리하고, 강의로 넘어간다.

자　김춘수의 시 〈꽃〉의 다음 구절은 이렇습니다. '내가 그의 이름을 불러준 것처럼/ 나의 이 빛깔과 향기에 알맞은/ 누가 나의 이름을 불러다오' 즉 단순히 어떤 이름을 부른다고 해서 문제가 해결되는 건 아니죠. ㉠ '빛깔과 향기에 알맞은' 이름을 불러야 비로소 그 이름은 현실이 되지요. 즉 한두 명이 대머리라고 부르지 않는다고 해서 사회적 현실이 바뀌는 것은 아닙니다. 그러나 다수가 기꺼이 그런 길을 따르면, 정말 대머리라는 게 세상에서 사라져버릴지도 모르죠. 잘은 모르지만, 변발이 유행하던 청나라 때는 대머리 인식이 지금과는 다르지 않았을까요? 그래서 저는 빠지는 머리털을 볼 때마다 변발이 다시 유행하기를 바랍니다. 한때 변발이 유행하던 시절이 있었지만, 오늘날에는 그렇지 않다는 것은, 무엇이든 영원한 것은 없다는 말이기도 하죠. 오늘날 통용되는 대머리의 정의도 언젠가는 바뀔 수 있겠지요. 말이 재정의되는 일은 한 사회의 마음이 변화하고 있다는 표시이기도 합니다.

차 '좋은 대학'이라는 말을 예로 들어 볼까요? 오늘날 '좋은 대학'이라는 말은 대개 입학생들의 수능 성적이 높다는 뜻이죠. 입학한 뒤에 받게 되는 교육의 내용이나 학생들의 체험에 대해서는 고려가 거의 없죠. 그러나 언젠가 좋은 대학이라는 말이 재정의되는 시대가 올 수도 있지 않을까요? 사실 대학교육을 통해 자신이 얼마나 긍정적인 방향으로 변화할 수 있느냐가 관건이죠. 따라서 입학시험 성적보다는 입학할 때와 졸업할 때를 비교하여, 가장 큰 긍정적인 변화를 일으키게 하는 대학이 좋은 대학일 겁니다. 이런 식으로 좋은 대학을 재정의하게 되는 때가 오면, 이른바 대학의 서열이라는 것도 달라질지도 모릅니다. 변화는 언제 올까요? 오기는 할까요?

김영민(2020). 공부란 무엇인가. 어크로스. 28~34쪽

01 글쓴이가 학생들과 토론을 하는 이유로 가장 알맞은 것을 고르십시오.

① 대머리를 정확하게 정의하기 위해서

② '좋은 대학'의 의미를 재정의하기 위해서

③ 학생들이 토론 연습을 할 수 있도록 돕기 위해서

④ 학생들이 단어의 의미를 정확하게 사용하도록 하기 위해서

02 글을 내용에 맞게 세 부분으로 나누어 보고 그 기호를 쓰십시오.

1)	2)	3)

03 다음 중 글쓴이의 생각이나 태도에 대해 맞게 표현한 것을 고르십시오.

① 한 번 정의된 단어의 의미는 영원히 바뀌지 않는다.

② 세상에는 부정확한 의미로 사용되는 단어들이 많다.

③ 요즘 대학생들이 셰익스피어의 작품을 읽지 않는 것은 당연하다.

④ 말에 대한 정의가 명확하지 않아도 의사소통을 제대로 할 수 있다.

04 글쓴이에 대해 추론한 내용으로 맞지 않는 것을 고르십시오.

① 글쓴이는 이미 탈모가 시작되었다.

② 대학에서 학문을 가르치는 교수일 것이다.

③ 학기 초라서 아직 학생들과 친숙하지 않다.

④ 질문과 토론을 통해 학생들에게 생각할 기회를 주는 편이다.

05 글쓴이가 학생들에게 질문이나 설명을 할 때 주로 사용한 방식 두 가지를 고르십시오.

☐ 정의　　　☐ 분류　　　☐ 분석　　　☐ 예시　　　☐ 인용　　　☐ 비교

06 단락 '사'에서 글쓴이는 학생 D의 의견을 칭찬하면서 김춘수의 〈꽃〉이라는 시를 소개했습니다. 이런 맥락을 고려하여 ⓐ, ⓑ, ⓒ에 어떤 말이 들어가면 좋을지 쓰십시오.

ⓐ: _____　　　　ⓑ: _____　　　　ⓒ: _____

07 학생 A~E가 '대머리'를 어떻게 정의했는지 그 의견을 요약해 보고, 이에 대해 글쓴이나 다른 학생들이 어떻게 반박했는지도 정리해 보십시오.

	'대머리'에 대한 학생들의 의견		의견에 대한 반박
A		→	
B		→	예시를 들어 반박
C		→	
D	남들에게 대머리로 간주될 때야 비로소 존재	→	학생 E의 반박
E	사람들이 '대머리'를 언급하지 않으면 사라지는 것	→	'빛깔과 향기에 알맞은' 이름이어야 함.

08 단락 '자'의 ⊙ '빛깔과 향기에 알맞은'에 해당하는 '좋은 대학'의 정의를 단락 '차'에서 찾아 써 보십시오.

_____

09 이 글의 내용에 맞게 제목을 정해 보십시오. 다 쓴 후에 친구들과 비교해 보고 누가 가장 잘 어울리는 제목을 썼는지도 이야기해 보십시오.

_____

💬 여러분도 '개념 정의'가 모호하다고 생각할 때가 있습니까? 학생들이 '난 열심히 공부한다.'고 할 때 '열심히'는 어느 정도를 말하는 것일까요? 친구들과 함께 토론해 보고 그 결과를 써 보십시오.

_____

_____

_____

_____

💬 여러분도 '좋은 대학'처럼 재정의해 보고 싶은 단어나 개념이 있습니까?

Memo

_____

_____

_____

_____

9과 어휘 목록

PART I

풀	
동풍	
나부끼다	

PART II

	아무개	
	전사	
	통지	
	어깻바람	
	단숨에	
	올라채다	
	펄럭거리다	
	허벅지	
	뻐근하다	
	고갯마루	
	물씬물씬	
	기적(소리)	
	삼대독자	
1	조끼	
	소맷자락	
	덜렁	
	노상	
	볼기짝	
	장딴지	
	엄살스럽다	
	슬며시	
	주워섬기다	
	내리막길	
	산모퉁이	
	잰걸음	
	개천	
	외나무다리	
	장(場)거리	

	고등어	
1	서성거리다	
	대합실	
	도사리다	
	등골	
	시퍼렇다	
	이끼	
	웅성거리다	
	징용	
	북해도	
	탄광	
	남양군도	
	찡하다	
	뿌옇다	
	강제	
	잠자리	
	무릅쓰다	
2	허물다	
	고역	
	자빠지다	
	예사	
	험난하다	
	연합군	
	다이너마이트	
	공습경보	
	납작	
	성냥	
	께름칙하다	
	심지	
	귓전	
	후려갈기다	
	아찔하다	
	넋	

소두-인	
대두-인	
두피	
뒤통수	
빼곡하다	
고정되다	
역동적	
논평	
이의	
운운하다	
특허	
빈정거리다	
개입하다	
구절	
비로소	
기꺼이	
변발	
통용되다	
재정의	
서열	

10

논설문

💬 독자를 설득하기 위해 쓴 글의 특징으로 알맞은 것을 모두 고르십시오.

☐ 타당한 근거   ☐ 논리적인 주장   ☐ 주관적인 느낌   ☐ 개인적인 경험

💬 논설문의 특징과 구성

논설문은 글쓴이가 어떤 사회적 현상이나 사실에 대해 문제를 제기하고, 독자를 설득하기 위해 객관적이고 타당한 근거를 가지고 자신의 주장을 논리적으로 쓴 글입니다. 논설문은 대체로 '서론, 본론, 결론'의 구조를 가지는데, 서론에는 주로 사회 현상에 대한 분석과 그에 대한 문제 제기, 주장의 필요성 등이 나타납니다. 본론에서는 글쓴이의 주장을 뒷받침하는 내용들이 근거로 제시됩니다. 주장을 뒷받침하는 근거는 객관적이고 타당한 내용으로 구성되며, 이를 위해 예시, 인용, 나열, 인과 등의 방법이 사용되기도 합니다. 결론에서는 전체 내용을 요약하며 주장을 강조하는 내용으로 구성됩니다. 논설문의 구성을 잘 알면 글쓴이의 주장과 근거를 더욱 명확하게 파악할 수 있습니다.

💬 논설문의 특징을 정리해 보고, 밑줄에 알맞은 내용을 써 봅시다.

논설문이란 글쓴이가 어떤 사회적 현상이나 사실에 대해 _____을/를 제기하고, 독자를 설득하기 위해 객관적이고 타당한 _____을/를 가지고 자신의 _____을/를 논리적으로 쓴 글이다.

Memo

_____

_____

_____

💬 여러분 나라는 여성도 군대에 갑니까? 여성도 반드시 군대에 가야 한다고 생각합니까?
여러분의 생각을 이유와 함께 말해 보십시오.

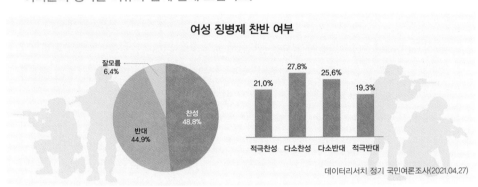

여성 징병제 찬반 여부

잘모름 6.4%
반대 44.9%
찬성 48.8%

적극찬성 21.0%
다소찬성 27.8%
다소반대 25.6%
적극반대 19.3%

데이터리서치 정기 국민여론조사(2021.04.27)

Memo

가　① 최근 여성도 징병제의 대상으로 포함해야 한다는 논의가 활발하다. ② 그간 한국의 징병 대상은 남성으로 국한되었는데 최근 인구 수 감소로 인해 입대 가능한 젊은 남성의 수가 매우 줄었기 때문이다. ③ 게다가 제대한 남성에게 주어지는 사회적 혜택이 남녀 갈등의 원인이 되고 있다. ④ 그렇다면 현재 징병제로 인해 벌어지는 문제점을 어떻게 해결할 것인가? ⑤ 부족해지는 병력 문제와 군필자 우대로 빚어진 남녀 갈등을 해소하려면 여성 징병제에 대한 논의가 하루 빨리 이루어져야 한다.

나　여성 징병제 도입을 통해 남녀 갈등을 줄일 수 있다. 현재 한국은 취업에서 '군 가산점 제도'를 실시하는 곳이 많다. 남녀 차별적인 정책이라는 이유로 1999년 폐지되었으나 여전히 관행처럼 남아 있다. 군 가산점 제도에 대해 많은 수의 여성들은 군대에 가지 않았다고 해서 취업 등에서 불이익을 받는 것은 성차별이라고 주장한다. 반대로 남성들은 군 가산점 제도를 폐지하는 것에 대해 부정적이다. 병역 의무를 이행하는 동안 취업 및 학업을 미루게 되기 마련인데 군 가산점은 그에 대한 일종의 보상이기 때문이다. 군 가산점에 대한 의견 차이는 남녀 갈등을 부추기는 원인이 되기도 하므로 병역의 의무를 여성에게도 부과하면 갈등을 방지할 수 있다.

다　모든 국민이 병역의 의무를 가지게 되면 부족한 병력 문제도 해결할 수 있다. 초저출산이 이어지는 현재의 상황에서는 병력의 부족을 해결하는 것이 시급하다. 한국은 세계적으로 유일한 분단국가이고 휴전 중인 상태이다. 언제 발생할지 모를 전쟁에 대비하려면 병역의 대상을 여성으로 확대하는 것이 좋다.

01 이 글을 서론과 본론의 두 부분으로 나누어 보십시오.

서론: _____ ,　　본론: _____

02 글 '가'의 내용을 아래와 같이 세 부분으로 나누어 번호를 써 보십시오.

내용	번호
현상	
문제 제기	
주장의 필요성	

03 이 글의 본론에 나타난 근거를 정리해 보십시오.

근거	•
	•

PART / I 읽고 나서

여러분도 글쓴이처럼 여성도 징병의 대상에 포함되어야 한다고 생각합니까? 글쓴이의 주장에 찬성하는 이유는 무엇입니까? 만약 반대한다면 반대의 이유는 무엇입니까? 자신의 생각을 주장과 근거로 나누어서 정리하고 친구와 비교해 봅시다.

주제 : 여성도 징병의 대상에 포함해야 하는가?

나의 주장	
근거	•
	•
	•

여러분은 징병제와 모병제의 차이에 대해 알고 있습니까? 징병제는 국민이 반드시 군대에 가야 하는 제도입니다. 한국은 징병제를 실시하고 있는데 이것을 유지해야 한다고 생각합니까? 아니면 입대를 선택할 수 있는 모병제로 전환해야 한다고 생각합니까?

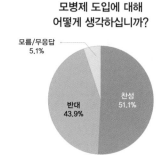

다음 글을 읽고 질문에 답하십시오.

징병제와 모병제 Ⅰ

가   대통령 선거를 앞두고 정치권에서는 모병제 도입에 대한 갑론을박이 이어지고 있다. 과거와는 달리 전쟁에서 많은 수의 병력이 필요하지 않으며, 최신식의 무기가 계속 개발된다는 점을 고려하면 모병제로의 전환은 피할 수 없는 선택으로 보인다. 무엇보다 저출산으로 인해 병력의 보충에 어려움이 따르므로 현재의 병역 제도를 전면 수정할 필요가 있다. 따라서 한국도 국내외적인 여건을 고려하여 모병제 도입을 검토해야 할 것이다.

나   징병제를 폐지하고 모병제를 도입하는 것은 전 세계적인 추세이다. 1990년 이후 프랑스, 스페인, 이탈리아 등 34개국이 냉전 체제가 해체된 이후 모병제로 전환했으며 현재 103개의 국가가 모병제를 실시하고 있는데 이는 195개로 이루어진 유엔(UN) 회원국의 과반을 넘는 숫자이다. 한국 및 터키, 이스라엘 등에서는 여전히 징병제를 유지하고 있지만 대부분 모병제 도입을 검토하고 있다.

다   한국군은 현재의 징병제로는 충분한 규모의 병력을 유지할 수 없다. 국방부에서 발표한 '국방개혁 2.0'에 따르면 2022년까지 상비 병력이 2018년 61만 8000명에서 50만 명으로 조정된다. 인구 절벽이 가시화된 현재, 앞으로의 병력 수급에 적신호가 예상된다. 한국은 현재 합계 출산율이 1도 안 되는 초저출산 현상이 지속되므로 현재의 징병제가 유지된다면 향후 병력 부족은 불 보듯 뻔한 일이다.

라   모병제는 인적 자원을 효율적으로 운영할 수 있다는 장점이 있다. 징병제는 병역 이행에 강제성이 따르므로 부적절한 방법으로 병역을 기피하는 문제가 종종 있었다. 그러나 모병제는 개인의 자발적인 선택이 병역 이행으로 이어지기 때문에 동기부여가 가능하고 정해진 병역 기간이 있는 것이 아니므로 지속적인 병력 유지가 가능하다. 또한 젊은 세대에게 안정적인 일자리를 제공할 수 있어 경제적인 자립에 도움이 된다. 취업난이 심각한 현실에서 모병제를 통해 청년들은 지속적이며 안정적인 임금을 받을 수 있다.

마   이 외에도 모병제를 도입하면 병력의 질적인 향상을 꾀할 수 있다. 모병제의 경우 복무 기간이 짧은 징병제에 비해 전투 기술을 훈련하는 기간이 길어서 숙련된 병력 양성이 가능하다. 징병제는 과거에 비해 복무기간이 지속적으로 단축되었기 때문에 군인들이 전투 기술을 제대로 배워서 활용하기에 충분치 않다.

바   국가의 안전을 지키는 병력 확보 문제는 어느 나라나 쉽게 결정할 부분이 아닌 중요한 문제다. 그러나 시대가 변하고 상황이 바뀌었다면 정책의 방향을 점검할 필요도 있을 것이다. 저출산 고령화라는 사회적인 현상과 맞물려 병력으로 충원되어야 할 젊은 세대가 부족하다는 사실을 무시한 채 기존의 징병제를 계속 고집할 이유는 없을 것이다.

01   글쓴이가 이 글을 쓴 목적은 무엇입니까?

① 모병제의 의미와 장점을 설명하기 위해

② 모병제 도입이 필요함을 설득하기 위해

③ 한국의 병력 감소의 원인을 분석하기 위해

④ 한국의 현재 병력 제도 유지를 주장하기 위해

02   이 글을 서론, 본론, 결론의 세 부분으로 나누어 기호를 쓰십시오.

서론	본론	결론

글쓴이의 주장을 뒷받침하는 근거를 본론에서 찾아 정리해 봅시다.

단락	근거

04 '나'에서 글쓴이가 근거를 제시할 때 사용한 방법을 고르십시오.

① 예시   ② 인용   ③ 나열   ④ 인과

05 아래의 근거가 들어갈 가장 알맞은 단락의 기호를 쓰십시오. ＿＿＿＿＿＿

2025년 이후에는 50만 명 규모의 상비 병력을 유지할 것으로 예상되며, 2035년 이후에는 40만 명 규모의 병력을 유지하는 것도 어려울 것으로 전망된다.

💬 다음 글을 읽고 질문에 답하십시오.

징병제와 모병제 Ⅱ

가   한국에서는 저출산으로 인한 인구 감소, 사회적 비용 문제, 병역 기피로 인한 논란 등을 이유로 현재 유지 중인 징병제를 모병제로 전환하자는 논의가 활발히 이루어지고 있다. 반면에 독일, 스웨덴 등과 같은 일부 유럽 국가에서는 폐지한 징병제를 다시 부활시키기 위한 논의를 하거나 이미 부활시켰다. 징병제에서 모병제로 전환했으나 국내외 여러 상황을 감안하여 내린 결정인 것이다. 과연 한국은 현재의 상황에서 모병제 도입에 대해 어떠한 선택을 해야 올바른 것인가 알아보자.

나   한국은 여타 국가들과 상황이 다르기 때문에 모병제로 전환하는 것은 섣부른 판단이다. 1950년에 발발한 한국전쟁은 1953년에 이루어진 휴전 협정으로 잠시 중단된 상태다. 즉, 전쟁이 끝나지 않은 휴전 중이므로 모병제를 실시하는 국가들과는 다른 상황인 것이다. 현재도 남북이 대치하는 상황에서 간혹 긴장을 유발하는 크고 작은 갈등이 지속되고 있다. 이 같은 상황에서 모병제로 전환된다면 국가 안보에 큰 위협이 될 수 있다.

다 징병제를 유지하면 안정적으로 병력을 유지할 수 있다. 현재 복무하는 병력을 비롯한 다수의 예비군을 유지할 수 있기 때문이다. 또한 대다수의 남성이 군대를 다녀왔으므로 전투 기술을 어느 정도 알고 있다는 장점도 있다. 다시 말하면 국가가 계획하는 규모에 맞는 병력을 모집할 수 있으므로 병력의 탄력적인 운용이 가능하다.

라 이 외에도 징병제에서는 질적으로 균형 있는 병력의 모집이 가능하다. 모병제는 자발적으로 병력에 지원한다는 장점이 있으나 개인의 선택에 맡기게 되므로 과연 얼마나 많은 수의 젊은이들이 자원을 할지 예측할 수 없기 때문이다. 모병제를 찬성하는 입장에서는 일자리가 제공되므로 취업난이 해결된다고 하는데 지원자들이 생각하는 적정한 수준의 임금을 지속적으로 지급하려면 그 또한 막대한 재정 부담이 될 것이다. 입대 이후의 충분한 경제적 보상이 이루어지지 않는다면 건장한 젊은 세대의 선택을 받기 힘들 것이다. 따라서 신체적으로, 경제적으로 취약한 계층에서 군 입대를 선택할 가능성이 높아지고 이러한 문제는 결국 군 병력의 질적인 하락으로 이어질 수 있다.

마 징병제는 현재까지 지속적으로 유지되면서 한국의 안보를 지켜왔다. 국가의 안보는 개인의 선택에 맡길 일이 아니다. 한국의 모든 남성들은 병역의 의무를 지니기 때문에 나라에서 정한 사유에 해당되지 않으면 복무 기간 동안 군사 훈련을 받아 왔다. 그리고 이를 당연하게 받아들이는 ⊙ 사회적 분위기가 형성되어 있다. 이러한 분위기를 깨고 모병제로의 전환을 이야기하는 것은 사회적 혼란을 부추길 뿐 국가 안보에는 도움이 되지 않는다. 남북이 대치를 계속하는 한 국가 안보를 위해서 징병제는 계속 유지되어야 할 것이다.

01 글쓴이가 이 글을 통해 주장하는 내용으로 알맞은 것을 고르십시오.

① 징병제의 도입을 천천히 해야 한다.

② 징병제를 모병제로 전환하는 것이 필요하다.

③ 징병제로 전환해야 취업난을 해결할 수 있다.

④ 징병제는 국가의 안전을 위해 계속 유지해야 한다.

02 이 글을 서론, 본론, 결론의 세 부분으로 나누어 기호를 쓰십시오.

서론	본론	결론

03 글쓴이가 제시한 근거로 볼 수 없는 것은 무엇입니까?

① 휴전 상태에서 모병제로 전환하는 것은 시기상조이다.

② 징병제를 유지해야 젊은 층의 취업난 해결에 도움이 된다.

③ 모병제에서는 충분한 임금이 제공되지 않으면 건장한 병력을 유지할 수 없다.

④ 징병제를 유지해야 전투 기술을 어느 정도 알고 있는 예비군을 유지할 수 있다.

04 이 글의 내용과 일치하는 것을 고르십시오.

① 징병제를 실시하는 것은 재정에 부담이 될 수 있다.

② 한국은 전쟁이 끝나지 않았으므로 징병제 유지는 위험하다.

③ 한국인은 모든 남성이 군대에 가는 것이 당연하다고 생각한다.

④ 인구 감소 문제는 모병제를 도입하자는 주장에 불리한 내용이다.

05 단락 '마'의 '㉠ 사회적 분위기'를 설명하는 것으로 가장 알맞은 것을 고르십시오.

① 한국이 모병제로 전환하는 것은 너무 이르다고 생각하는 것

② 모든 국민이 강한 안보 의식을 가지는 것이 중요하다고 생각하는 것

③ 군대에 가면 적정한 수준의 월급을 받는 것이 당연하다고 생각하는 것

④ 한국의 남성이 반드시 군대에 갔다 오는 것이 당연하다고 생각하는 것

PART / Ⅱ　**읽고 나서**

💬 징병제와 모병제에 대한 두 논설문의 주장과 근거를 비교해 보고 여러분의 생각을 정리해 봅시다. 여러분이 하나를 선택한다면 어느 쪽입니까? 그렇게 선택한 근거는 무엇입니까? 여러분의 주장과 근거를 써서 발표해 보고 친구의 것과 비교해 봅시다.

선택 (✓표시)	징병제 : (　　　)　모병제 : (　　　　)
나의 근거	• • •

10과 어휘 목록

PART Ⅰ

징병제

국한되다

입대

제대하다

군필자

우대

빚다

도입

가산점

정책

관행

불이익

성차별

이행하다

부추기다

부과하다

초저출산

시급하다

분단국가

휴전

과반

규모

상비

(인구) 절벽

가시화

수급

적신호

뻔하다

인적 (자원)

강제성

기피하다

동기부여

자립

꾀하다

전투

숙련

복무

단축

확보

고령화

맞물리다

PART Ⅱ-징병제와 모병제 Ⅰ

모병제

정치권

갑론을박

최신식

전환

전면

국내외

여건

냉전 체제

해체

PART Ⅱ-징병제와 모병제 Ⅱ

부활

감안하다

여타

섣부르다

발발하다

휴전

협정

대치하다

간혹

유발하다

위협	
예비군	
탄력적	
운용	
자발적	
자원하다	
예측하다	
적정하다	
막대하다	
재정	
건장하다	
취약하다	
안보	
사유	
혼란	

답안

1과 핵심어와 주제문

〈들어가기〉

01 귤

02 귤, 귤의 껍질, 활용(법)

03 이처럼 귤은 껍질까지도 다양하게 활용할 수 있는 기특한 과일이다.

〈핵심어와 주제문 찾기〉

1

소재: 하회탈

핵심어: 탈, 하회탈, 재료(오리나무), 보관법

주제문: 이렇게 하회탈이 잘 보존될 수 있었던 것은 재료와 보관법 때문이다.

2

소재: 일회용품

핵심어: 일회용품, 일회용 쓰레기, (음식점과 소비자의) 노력, 일회용품 사용을(또는 쓰레기를) 줄이다

주제문: 이렇게 음식점과 소비자 모두 일회용 사용을 줄이기 위해 노력해야 음식 배달로 인해 생기는 쓰레기의 양을 줄일 수 있을 것이다.

3

소재: 현대인의 소비 성향

핵심어: 현대인, 소비, 소비 성향, 쇼핑 시간대, 감성적인 소비

주제문: 현대인들은 인터넷을 통해 많은 정보를 찾고 이를 통해 필요한 물건을 구매하기 때문에 매우 합리적인 소비를 할 것으로 생각하지만 사실은 매우 감성적인 소비를 하고 있다.

〈주제문 쓰기〉

4

기숙사의 장점

이렇게 기숙사에 살면 좋은 점(장점)이 많다

5

창(문), 창문의 기능

(건축물에서) 창(문)은 다양한(또는 여러 가지) 기능이 있다.

〈더 알아보기〉

6

1번: 중괄식   2번: 미괄식   3번: 두괄식

4번: 미괄식   5번: 두괄식

7

– 제로 웨이스트 운동

– 제로 웨이스트, 동참(참여)하는 사람들, 증가

– 1) 최근 '제로 웨이스트(zero waste)' 운동에 참여하는 사람들이 점점 늘고 있다.

  2) 싸게 많이 사야겠다는 합리적 소비보다 우리가 살고 있는 지구의 환경과 인류를 위해 윤리적 소비를 하고 싶어 하는 사람들이 점점 늘고 있기 때문에 제로 웨이스트 운동에 동참하는 사람들도 계속 증가할 전망이다.

– 양괄식

2과 단락의 구성

〈들어가기〉

01 ⑥

02 ①, ②, ③, ④

03 ⑤

04 ①

〈주제문과 보조 문장: 내용의 응집성〉

1

글의 주제: (민주주의 국가에서) 선거의 네 가지 원칙

주제문:

② 민주주의 국가라면 보통·평등·직접·비밀 선거의 네 가지 원칙을 따라야 하며 이를 헌법으로 보장해야 한다.

주제와 맞지 않는 문장:

⑤ 한국은 1988년 2월 간접선거제도가 폐지되면서 직접선거제도를 시행하고 있지만 미국은 각 지역의 선거인단을 통해 대통령을 선출하는 간접선거제도를 시행하고 있다.

2

글의 주제: 지진의 전조 현상을 감지하는 동물들

주제문:

⑧ 지진으로 인한 막대한 피해를 막기 위해서는 최신의 과학적 탐지 장치뿐만 아니라 동물들의 반응을 체계

적으로 관찰하고 연구하여 지진 예보에 적극적으로 활용해야 할 것이다.

주제와 맞지 않는 문장:

⑦ 그러므로 대규모 지진이 발생하기 전에 동물들을 동물원에 모아 놓고 어떤 동물이 지진을 잘 감지하는지 지켜봐야 한다.

〈주제문과 보조 문장: 내용의 풍부성〉

3

01 가. 설명 내용이 자세하고 주제문이 있어 전달하고자 하는 것이 분명함.

02 가: 이처럼 한옥의 처마는 아름다울 뿐만 아니라 한국의 자연환경에 맞는 실용적인 기능까지 갖춘 훌륭한 구조물이라고 할 수 있다.

나: 주제문 없음

03 예) 주제문이 있는 글은 주제를 빨리 알 수 있어서 글의 내용을 이해하기 쉽다.

04 가: 5개(첫 문장 제외)

나: 3개(보조 문장만으로 구성)

05 예) 보조 문장이 풍부할수록 주제를 이해하기 쉽다.

06 생략

〈더 알아보기〉

4

01 언어 습득 장치

02 ①: 그러나(그렇지만, 하지만)   ②: 또/ 또한

③: 그러나(그렇지만, 하지만)   ④: 이런

3과 글의 구성

〈들어가기〉

01 다 – 가 – 나

02 예) 글 '다'에 '알아보고자 한다.'와 같이 글의 주제를 소개하는 표현이 있기 때문이다

03 예) 손 씻기의 중요성과 방법

〈글의 구성 이해하기〉

1

01 처음

02 예) 일조권에 대한 개념과 일조권의 구체적인 내용

2

01 처음

02 예) 사용자의 동의 없는 개인 정보 활용의 문제점

3

01 처음

02 예) 생활 속에서 물을 아끼는 방법

4

01 끝

02 예) 대기 오염의 원인이 되는 자동차의 매연

5

01 끝

02 예) 오마주와 표절의 비교 및 대조

6

01 끝

02 예) 세대별 난청 발생 빈도와 원인

〈더 알아보기〉

7

1번: 처음, 화제

2번: 처음, 경험

3번: 처음, 문제 제기, 인용

4번: 끝, 전망

5번: 끝, 요약

6번: 끝, 대안 제시

8

01 처음: 얼마 전 마트에서 ～ 화폐의 변화에 대해 자세히 알아보자

중간: 화폐가 사용되기 전에는 ～ 지폐 형태의 화폐를 만들게 되었다

끝: 이처럼 사람들은 ～ 보인다

02 경험

03 요약, 전망

04 예) 화폐의 변화

05 생략

4과 서술 방식 파악하기

〈들어가기〉

01 빛 공해

02 정의, 예시

03 • 정의: 공해란 ～ 피해를 말한다.

빛 공해는 ～ 피해를 뜻한다

N(이)란, N은/는 ~을/를 말한다, 뜻한다
• 예시: 우리가 일상생활에서 ~ 사회 문제가 되고 있다.
식물이 장기간 ~ 이에 해당된다.
~을/를 예로 들 수 있다, ~이/가 이에 해당된다

〈정의〉
1 생략
2 소셜 미디어

〈예시〉
3
01 다이아몬드, 루비, 옥 등을 그 예로 들 수 있다
02 – 예를 들면 다이아몬드, 루비, 옥 등이 있다
　　– 보석의 예로 다이아몬드, 루비, 옥 등을 들 수 있다
　　– 다이아몬드, 루비, 옥 등이 보석에 속한다

4
01 '진도개'는 진돗개 중에서도 진도에서 태어나 진도개 심의위원회에서 정한 혈통과 표준 체형을 갖춘 개를 말하는데 1962년에 천연기념물로 지정되었다.
02 이 진도개는 주인에게 충직하며 성격이 용맹스러운데 이러한 특성을 잘 보여주는 예로 '돌아온 백구'를 들 수 있다.
03 3번: 나열의 방식, 4번: 구체적인 실제 사례

5
01 대조
02 ④

6
01 가야금, 거문고
02

대상	공통점	차이점		
		만들어진 시기	줄(현의) 숫자	연주법
가야금	모양, 한국의 전통 현악기, 재료: 오동나무	3세기, 가야	12개	맨손 사용
거문고		5세기, 고구려	6개	술대와 손 사용

7

분류 대상	분류 기준	분류
역법 (또는 시간 범주)	주기의 종류 (지구의 공전 주기/ 지구의 자전 주기/ 달의 삭망 주기)	• 태양력 • 태음력 • 태음태양력

8
01 정의, 분류
02
① 일하다가 팔을 다쳤을 때 　　　건강보험
② 나이가 많아서 일자리가 없을 때 　고용보험
③ 다니던 회사에서 해고를 당했을 때 　국민연금
④ 병에 걸려서 수술을 받았을 때 　산업재해보상보험

〈분석〉
9
01 우리에게 시간을 알려주는 시계.

시계의 얼굴이라고 할 수 있는 시계 판 위에는 1부터 12까지의 숫자와 시곗바늘이 있고, 그 아래에는 시간을 계산하고 알려 주는 여러 장치가 숨겨져 있다. 또한 시계의 오른쪽 측면에 살짝 튀어나온 부분이 있는데 이것을 용두라고 한다.

용두의 태엽을 감아서 동력을 만드는 방식의 시계를 기계식 시계라고 부르는데 기계식 시계의 무브먼트(movement, 시계가 작동하도록 하는 내부 장치)는 대략 용두, 메인스프링(main spring), 탈진기(escapement), 밸런스 휠(balance wheel), 톱니바퀴, 시곗바늘로 구성되어 있다.

시계 외부에 있는 용두는 태엽을 돌려 에너지를 발생시키는 역할을 한다. 용두에서 발생된 에너지는 시계 내부의 메인스프링으로 전달되고, 다시 시계의 뇌라고 불리는 탈진기(escapement)와 밸런스 휠(balance wheel)로 전달된다. 이때부터 두 개의 장치는 서로 맞물려서 똑딱똑딱 소리를 내며 일정한 간격과 속도로 움직이게 된다. 시계의 정확성은 바로 이 장치에서 비롯되는 것이며, 초침을 나타내는 톱니바퀴와 연결된다.

초침 톱니바퀴에는 60바퀴 회전할 때 1분을 이동하는 분침 톱니바퀴가 연결되고, 분침 톱니바퀴는 한 번 회전할 때 한 시간이 가는 시침 톱니바퀴와 연결된다. 규칙적인 시간의 흐름을 가능하게 하는 것이 바로 세 개의 톱니바퀴이고, 이 톱니바퀴는 시침·분침·초침의 시곗바늘로 이어져 우리에게 시간을 알려 주는 기능을 한다.

기계식 시계는 미세한 부품들이 수학적 계산을 통해 정교하게 맞물리고 규칙적으로 움직이기 때문에 그 자체로 아름답기도 하거니와 오랜 세월 사용해도 오차가

거의 없어 스마트폰과 디지털시계가 일반화된 현재까지도 많은 사람들의 사랑을 받고 있다.

02

분석 대상	대상의 구성 요소	구성 요소의 역할(기능)
기계식 시계	용두	에너지를 발생시키는 역할
	탈진기와 밸런스 휠	두 장치가 맞물려 일정한 간격과 속도로 움직이게 됨
	세 개의 톱니바퀴	규칙적인 시간의 흐름을 가능하게 함
	시곗바늘	시간을 알려 줌

10

01 버락 오바마의 말(연설, 화법)

02 첫째, 자기 자신의 경험들을 솔직하게 말하면서 청중과의 공감대를 형성한다.

둘째, 어려운 어휘나 화려한 수사법 대신 쉽고 분명한 표현을 사용한다.

셋째, 겸손하고 예의 있는 태도이다.

넷째, 긍정적인 메시지를 동일하고 반복적인 문장으로 리듬감 있게 전달한다.

11 가

한국 속담에 '고기는 씹어야 맛이고 말은 해야 맛이다.'라는 말이 있다. 그리고 1974년에 처음 출시된 '초코파이' 광고의 노랫말은 20년 이상 '말하지 않아도 알아요.'였는데 2012년 이후에는 '아닙니다. 말하지 않으면 모릅니다.', '정 때문에 못한 말, 까놓고 말하자.'라는 광고 문구가 추가되었다. 소통이 그만큼 중요해진 것이다. 의사소통 전문가인 김선중 씨에 따르면 무조건 참는 것보다 대화를 하는 것이 문제 해결 가능성을 70% 이상 높인다고 한다. 어떤 문제나 갈등 상황이 있을 때 자신의 생각이나 의견을 말로 표현해야 해결의 문이 열린다.

11 나

'씨스피라시(Seaspiracy)'라는 다큐멘터리 영화가 논란이 되고 있는데 제목 '씨스피라시'는 '바다(sea)'와 '음모(conspracy)'를 합성한 단어이다. 이 영화는 해양 생태계를 파괴하는 수산업계와 해양 환경을 보호하는 것으로 포장된 시민 단체를 고발하고 있다. 우리는 바다 쓰레기의 대부분이 육지에서 버린 것이라고 알고 있는데 이 영화의 감독인 알리 타브리지에 의하면 바다 쓰레기의 대부분은 배에서 버린 어구와 그물이라고 한다. 또한 해양관리협의회(MSC)라는 비영리 기구도 '지속 가능한' 어업을 주장하고 있지만 사실은 수산업 관련 기업의 이윤 추구를 돕고 있다고 주장한다. 그러나 다큐멘터리에서 인터뷰에 응했던 일부 사람들은 자신들이 말한 내용이 왜곡되었고 과장되어 편집되었다고 항변하고 있다. 뿐만 아니라 영화에서 언급된 '2048년 해양 생물 멸종'에 대한 내용이 원래의 연구 결과와 다르다는 지적도 있다. 이에 대해 영국의 엑서터대 캘럼 로버츠 교수는 해양 생물 멸종 시기가 2048년이든 2079년이든 내용의 방향이 옳다는 게 중요하며 핵심은 우리가 바다에 엄청난 피해를 주고 있다는 사실이라고도 했다.

5과 논증 구조 파악하기

〈들어가기〉

01 탄소 배출

02 ⑥, ⑦

03 ①, ②, ③, ④, ⑤

〈주장과 근거 찾기〉

1

주장	미성년자가 아르바이트를 하는 것은 적절하지 않다
근거	첫째, 미성년자가 아르바이트를 하는 것은 학업에 방해가 된다 둘째, 청소년기에 잘못된 소비 습관이 생기게 된다 셋째, 아르바이트 과정에서 부당한 대우를 받거나 법적인 보호를 받지 못 할 수도 있다

2

01 다

02 예시

03 무조건 유전자 조작 식품을 회피할 것이 아니라 유익한 기능도 고려해서 판단해야 할 것이다.

04 • 우선 유전자 조작 식품은 현재 직면하고 있는 식량 부족 문제를 해결할 방안이 된다
   • 다음으로 유전자 조작 식품은 의약품 개발에도 도움이 된다

〈적절하고 타당한 근거 찾기〉

3

01 가스라이팅의 피해자가 되지 않도록 스스로를 돌아보는 것은 물론이고 건강한 인간관계를 유지하려는 노력도 필요하다

02 라, 예) '라' 단락은 가스라이팅을 하는 가해자의 특징에 대한 내용이기 때문이다

03

주장에 대한 근거
• 첫째, 가스라이팅을 예방하려면 자기 자신을 믿어야 한다
• 둘째, 자신이 처한 상황을 객관적으로 파악해야 한다
• 셋째, 다양한 사람들과 만나는 것이 필요하다

4

01 ⑪

02 ⑥

03

문제의 원인
• ④ 우선 택배 업계와 택배 노동자 사이의 부당한 근로 계약 조건이 가장 큰 원인으로 꼽힌다
• ⑧ 다음으로 택배 업계가 필요한 인력을 충원하지 않는 것도 택배 노동자의 부담을 가중시키는 원인이 된다

5

01 한국도 디지털 헬스케어의 도입 시기를 앞당겨야 할 것이다

02 질병을 진단하고 우리 몸의 상태를 정확히 파악하려면 환자의 몸을 직접 관찰하는 것이 중요하지만 화면으로 그것을 다 표현하기 힘들고, 환자가 스스로 자신의 상태를 구체적으로 설명하는 것도 어렵다.

이유: 예) 이 단락에서는 디지털 헬스케어를 통해 지역 간의 거리를 극복할 수 있다고 했는데, 해당 문장에서는 디지털 헬스케어의 단점을 설명하고 있기 때문이다

03

주장에 대한 근거
• 디지털 헬스케어를 실시하면 집에서도 꾸준히 건강을 관리할 수 있기 때문에 질병의 예방과 치료에 도움이 된다
• 디지털 헬스케어를 통해 지역 간의 거리를 극복할 수 있다

〈더 알아보기〉

6

글번호	근거 제시 방법	사용된 표현
1번	나열	첫째, 둘째, 셋째
2번	예시	예를 들어
3번	인용, 나열	사전적인 정의에 의하면 ~~~ 학대 행위라고 한다 첫째, 둘째, 셋째, 넷째

글번호	근거 제시 방법	사용된 표현
4번	인과, 나열	④ 우선 택배 ~~ 조건이 가장 큰 원인으로 꼽는다 ⑧ 다음으로 택배 ~~~~ 가중시키는 원인이 된다
5번	예시	예를 들어 교통편이 불편한 섬이나 ~~~ 받을 수 있다

7

01 마

02 예시, 인용

03

주장에 대한 근거
• 정년 연장에 대한 사회적 합의가 아직 이루어지지 않았다
• 정년 연장은 회사의 재정적인 부담으로 작용한다
• 최근 변화하는 산업구조에서 정년 연장의 필요성을 다시 검토해야 한다

04 예) 정년 연장을 재검토해야 하는 이유, 정년 연장의 문제점, 정년 연장을 실시하면 안 되는 이유

05 생략

6과 설명문

01 소셜 네트워크 서비스

02 사실: ①, ②, ④

　　의견: ③, ⑤

설명문이란 글쓴이의 의견이나 생각보다는 객관적인 사실 을/를 바탕으로 독자가 쉽게 이해 할 수 있도록 쓴 글이다.

PART I

01 ④

02

```
가 •              • 커피의 가격 설정 전략
나 •              • 카페의 가변비용
다 •              • 가격 설정 전략을 사용하는 이유
라 •              • 카페의 고정비용
마 •              • 커피 한 잔의 가변비용과 고정비용
```

03 ③

04 ③

05

날짜	내용	금액	비용 구분
2021-03-02	인건비	2,547,500	고정
2021-03-03	전기 요금	358,960	가변
2021-03-12	원두 구입	127,350	가변
2021-03-15	임대료	1,700,000	고정
2021-03-17	우유 1상자	50,000	가변
2021-03-19	일회용 컵	30,000	가변
2021-03-23	배달앱 광고비	25,000	고정
2021-03-25	수도 요금	48,950	가변

PART II

01 빅데이터, 데이터 마이닝

02 가 ~ 라, 마 ~ 자

03

가	빅데이터의 등장 배경
나	빅데이터의 사회 · 경제적 의미
다	빅데이터의 다양성과 규모
라	빅데이터의 정의

마	데이터 마이닝의 정의와 의미
바	데이터 마이닝의 활용 2
사	데이터 마이닝의 활용 1
아	데이터 마이닝과 고객관계관리
자	데이터 마이닝 분야의 확장

04 ③

05 ①

06 ②

7과   기사

■ 사실 ■ 객관성 ■ 공정성 ■ 신속성

① 월드컵 예선전, 내달 23일부터 시작 ------------ 경제면

② EBS국제다큐영화제(EIDF), 29일 개막 ------------ 날씨면

③ 가나제약, 새로운 치료제 개발로 주가 폭등 ------------ 사회면

④ 음주 운전 후 도주한 운전자, 추격 끝에 검거 ------------ 문화면

⑤ 대통령 선거 100일 앞두고 선거법 위반 논란 ------------ 정치면

⑥ 30년 만의 무더위, 20일째 열대야 이어져 ------------ 스포츠면

PART I

01

누가	김철수 씨가
어디에서	부산의 식당에서
언제	지난달 5일
왜	식당 주인이 자기에게 행운을 주었기 때문에, 복권에 당첨돼서
무엇을	복권의 당첨금을, 당첨금의 10%인 3백만 원을
어떻게	식당 주인에게 나눠주었다

02 예) 식당에서 받은 복권이 당첨, 행운을 나눈 식당 주인과 손님

> 기사는 글쓴이의 주관적인 생각이나 감정이 아니라 객관적인 사실이나 정보 를 전달 하는 것이 목적이다. 일반적으로 기사는 육하원칙(누가, 어디에서, 언제, 왜, 무엇을, 어떻게)에 따라 작성된다.

1

01 물티슈 원재료

02

누가	소비자시민모임은
언제	지난달 10~15일
무엇을	물티슈 사용량을
어떻게	소비자 636명을 대상으로 조사하였다

03 ③

2

01 노원구의 룸 셰어링 프로그램

02

누가	서울 노원구는
언제	21일
왜	대학생들의 주거 문제와 노인 복지 서비스 개선을 위해
무엇을	룸 셰어링 프로그램을
어떻게	실시한다

03 ③

3

01 과학(IT)면

02

누가	가나기업은
어디에서	메타버스에서 / 가상공간에서
언제	지난 3일
왜	지방이나 해외에 체류하는 구직자들을 위해
무엇을	채용 설명회를
어떻게	개최했다

03 ③

4

01 경제면

02

누가	한국제과는
언제	지난주
무엇을	제품 가격을
어떻게	동결하기로 했다

03 ②

PART II

01 ④

02 ②

03 ④

04 예) 1번~4번의 기사는 사실 전달을 목적으로 하고 있는데 5번 글은 오피니언(칼럼)으로 어떤 현상이나 사회적인 문제에 대한 글쓴이의 의견을 전달하는 것이 목적이다

8과   감상문

① 책을 읽고 줄거리 및 내용에 대한 감상 및 생각을 쓴 글 ─── 기행문

② 공연을 보고 난 후 공연의 개요와 특징을 소개하고 감상을 쓴 글 ─── 독서 감상문(서평)

③ 여행을 다녀와서 여행지의 자연, 음식, 문화를 소개하고 자신의 경험 및 생각을 정리한 글 ─── 공연 감상문 (공연평)

④ 영화를 보고 줄거리나 등장인물에 대해 간단히 소개하면서 느낌과 생각을 쓴 글 ─── 영화 감상문 (영화평)

☐ 영화평은 줄거리 위주로 구성되어 있다.

☑ 영화평에서는 비슷한 주제의 다른 영화와 비교하거나 감독을 소개할 수도 있다.

☑ 기행문은 보통 여정 순서로 기술된다.

☐ 기행문은 여행지의 경치, 숙박, 교통, 맛집 등 정보 위주로 구성된다.

☐ 공연 감상문은 공연에 대한 느낌과 생각만 주로 나타난다.

☑ 공연 감상문에는 연극, 춤, 오페라, 뮤지컬뿐만 아니라 콘서트도 포함된다.

☐ 독서 감상문에서는 책의 줄거리나 내용이 자세히 소개된다.

☑ 독서 감상문은 작가 소개를 포함하여 감동적이고 인상 깊은 장면으로 구성된다.

PART I

01 ④

02

누가	내용
제목	죽은 자의 세계에서 깨달은 가족의 사랑, 영화 '코코(Coco)'를 보고
처음	영화의 소재인 죽음 소개
중간	1) 영화의 줄거리 와 인물(미구엘)소개 2) 인상 깊은 장면 소개 　미구엘이 증조할머니 코코에게 노래를 불러주는 장면 3) 해당 장면에 대한 감상 　소중한 가족과 오해로 멀어졌다면 이들처럼 쌓인 오해를 풀 수 있었으면 좋겠다
끝	전반적인 감상 죽은 가족을 기억한다는 것, 가족에 대한 사랑

03 ②

04 ④

05 ③

PART II

01

대상	☐ 공연	☑ 전시	☐ 도서	☐ 영화
장소	국립중앙박물관			
제목	호모사피엔스 ∞ 관계 & 미래			

02

단락의 내용	단락의 기호
전시에 대한 개요	가
전시에 대한 배경지식	나
전시 공간별 소개와 감상	다, 라, 마, 바
전시의 의미	사

03 왜냐하면 신에 의해 인류가 창조되었다는 종교적 신념을 깨고 인류의 기원을 종교의 영역에서 과학의 영역으로 돌려놓은 기념비적인 저작물이기 때문이다.

04 ☐ 프롤로그 ☐ 제1부 전시 ☑ 제2부 전시 ☐ 에필로그

05 ④

06 ③

07 ③

08 생략

9과 문학

	이름	직업	대표작
ㄱ.	김수영 (1921–1968)	시인	〈달나라의 장난〉, 〈어느 날 고궁을 나오면서〉, 〈풀〉 등
ㄴ.	박경리 (1926–2008)	소설가	〈토지〉, 〈김약국의 딸들〉, 〈시장과 전장〉 등
ㄷ.	하근찬 (1931–2007)	소설가	〈수난 이대〉, 〈족제비〉, 〈일본도〉 등

① 시 — 실제의 이야기가 아니라 작가가 창조해 낸 허구의 이야기로 플롯(plot), 인물, 사건, 시점 등이 주요한 구성 요소임.

② 소설 — 오랜 역사를 가졌으며 공연을 목적으로 하기 때문에 대본에 쓰인 등장인물의 말과 행위가 매우 중요함.

③ 수필 — 신문과 달리 운율적 요소를 가지며 문장 형식이 자유로움. 언어의 일반적인 형식과 의미를 작가의 상상을 통해 재탄생시킨다는 면에서 다양한 해석이 가능함.

④ 희곡 — 작가의 생각과 느낌을 자유로운 형식으로 쓴 것으로 동양에서는 약 12세기, 서양에서는 16세기에 처음 등장했음.

PART I

01 풀 ↔ 바람 눕는다 ↔ 일어난다 웃다 ↔ 울다

02

1연	풀의 (울고 눕는) 나약한 모습 / 풀의 수동성
2연	바람보다 먼저 일어나는 강인한 모습 / 풀의 능동성
3연	(먼저 일어나고 웃는) 풀의 끈질긴(강인한) 생명력

PART II

☐ 사실을 재현한 것이다.
☑ 인물의 설정이 매우 중요하다.
☑ 사건이 설득력 있게 전개된다.
☐ 대화하듯이 써야 한다.
☑ 작가가 만들어 낸 허구의 세계이다.
☐ 생각나는 대로 자유롭게 쓰는 글이다.
☐ 현실과 전혀 관계없는 이야기이다.
☑ 길이에 따라 분류되기도 한다.

1

01 만도: 아버지 진수: 아들

02 아들 진수가 살아서 돌아온다.

03 ③

04 집 → 용머릿재 → 내리막길 → 들판(들길) → 개천둑(외나무다리) → 장거리

05 ③

06 만도는 코허리가 찡했다.

　정말 속이 덜 좋았다.

　눈앞이 뿌우옇게 흐려지는 것을 어쩌지 못했다.

07 ②

08

☑	무더위	☑	힘든 노동
☑	큰 모기떼	☐	고된 농사일
☑	전염병	☑	입에 맞지 않는 물
☑	굴속에서 바위를 허무는 일	☐	공습을 나가는 것
☑	다이너마이트를 만드는 일	☐	굴속에 비행기를 집어넣는 일

09 ❶

10 ③

11 옛날과 같은 진수가 아니어서 / 다리 한쪽을 잃어서

12 양쪽 겨드랑이에 지팡이를 끼고 서 있는데, 스쳐 가는 바람결에 한쪽 바짓가랭이가 펄럭거리는 것이 아닌가.

13 라

14 마

15 바

16 내 등에 업혀라

17 팔이 없는 아버지와 다리가 없는 아들이 서로를 도와 장애(고난, 수난)를 극복하는 모습을 보여 주려고

18 2차 세계대전을 겪은 아버지와 한국전쟁을 겪은 아들이 겪는 전쟁의 상처(상흔)를 보여줌.

19

등장인물	만도, 진수		
시대적 배경	세계 제2차 대전(1939~1945), 한국 전쟁(1950~1953)		

	시간적 배경	공간적 배경	주요 장면(사건)
1	현재	집에서 정거장까지	진수를 마중하러 가는 길
2	과거	징용으로 끌려갔던 섬	만도가 팔을 잃게 된 사고
3	현재	정거장에서 집까지	진수의 부상, 부자의 대화

20 생략

PART Ⅲ

☐ 글의 소재 선택	☐ 글을 쓰는 방식
☑ 독자의 유무	☐ 글의 길이

01 ④

02 1) 가　　2) 나~아　　3) 자~차

03 ②

04 ③

05 예시, 인용

06 ⓐ: 대머리　　ⓑ: 두피　　ⓒ: 대머리

07

	'대머리'에 대한 학생들의 의견	의견에 대한 반박
A	반짝이는 거, 불 들어온 인간 전구	올바른 정의가 아님, 대머리의 비유
B	머리털이 적은 상태	예시를 들어 반박
C	빠지는 머리카락 수	뒤통수에만 머리털을 가지고 태어났는데 머리털이 잘 안 빠지는 사람은 설명이 불가능함.
D	남들에게 대머리로 간주될 때야 비로소 존재	학생 E의 반박
E	사람들이 '대머리'를 언급하지 않으면 사라지는 것	'빛깔과 향기에 알맞은' 이름이어야 함.

08 (좋은 대학이란) 입학시험 성적보다는 입학할 때와 졸업할 때를 비교하여, 가장 큰 긍정적인 변화를 일으키게 하는 대학(이다/을 말한다/을 의미한다)

09 (원제: 알맞은 이름을 불러다오)

10과　논설문

☑ 타당한 근거	☑ 논리적인 주장
☐ 주관적인 느낌	☐ 개인적인 경험

> 논설문이란 글쓴이가 어떤 사회적 현상이나 사실에 대해 문제을/를 제기하고, 독자를 설득하기 위해 객관적이고 타당한 근거을/를 가지고 자신의 주장을/를 논리적으로 쓴 글이다.

PART Ⅰ

01 서론: 가　본론: 나, 다

02

내용	번호
현상	①, ②, ③
문제 제기	④
주장의 필요성	⑤

03

근거	• 여성 징병제 도입을 통해 남녀 갈등을 줄일 수 있다 • 모든 국민이 병역의 의무를 가지게 되면 부족한 병력 문제도 해결할 수 있다

PART II
〈징병제와 모병제 I〉

01 ②

02

서론	본론	결론
가	나, 다, 라, 마	바

03

단락	근거
나	징병제를 폐지하고 모병제를 도입하는 것은 전 세계적인 추세이다
다	한국군의 병력은 인구 감소로 갈수록 줄어들고 있어서 현재의 징병제로는 충분한 병력을 유지할 수 없다
라	모병제는 인적 자원을 효율적으로 운영할 수 있다는 장점이 있다
마	모병제를 도입하면 병력의 질적인 향상을 꾀할 수 있다

04 ②

05 다

〈징병제와 모병제 II〉

01 ④

02

서론	본론	결론
가	나, 다, 라	마

03 ②

04 ③

05 ④

Memo

Memo